| 中国当代研学丛书 |

文化

基于语料库的
现代汉语指人名词研究

韩蕾 | 著

图书在版编目（CIP）数据

基于语料库的现代汉语指人名词研究/韩蕾著．—
北京：中央编译出版社，2020.3
ISBN 978-7-5117-3789-2

Ⅰ．①基⋯
Ⅱ．①韩⋯
Ⅲ．①现代汉语—名词—研究
Ⅳ．① H146.2

中国版本图书馆 CIP 数据核字（2019）第 285749 号

基于语料库的现代汉语指人名词研究

出 版 人：葛海彦
责任编辑：杜永明
执行编辑：纪宛伯
责任印制：刘　慧
出版发行：中央编译出版社
地　　址：北京西城区车公庄大街乙 5 号鸿儒大厦 B 座（100044）
电　　话：（010）52612345（总编室）　　　（010）52612339（编辑室）
　　　　　（010）52612316（发行部）　　　（010）52612346（馆配部）
传　　真：（010）66515838
经　　销：全国新华书店
印　　刷：三河市华东印刷有限公司
开　　本：710 毫米×1000 毫米　1/16
字　　数：261 千字
印　　张：16
版　　次：2020 年 3 月第 1 版
印　　次：2020 年 3 月第 1 次印刷
定　　价：95.00 元

网　　址：www.cctphome.com　　　邮　　箱：cctp@cctphome.com
新浪微博：@中央编译出版社　　　微　　信：中央编译出版社(ID: cctphome)
淘宝店铺：中央编译出版社直销店(http://shop108367160.taobao.com)（010）55626985

本社常年法律顾问：北京市吴栾赵阎律师事务所律师　闫军　梁勤
凡有印装质量问题，本社负责调换，电话：（010）55626985

前　言

本书运用结构主义语言学、语料库语言学、认知语言学、功能语言学等多种理论，对现代汉语指人名词进行研究。

第一章介绍中文信息处理的基本背景，阐明现代汉语语料库建设与汉语语法研究相互依存的关系。

第二章指出面向中文信息处理的"名·名"词语串研究还比较薄弱，本书的主旨是帮助计算机正确完成跟指人名词构成的双名词语串有关的句处理任务。此外，还阐明了研究依据、性质定位和基本思路。

第三章强调语料库加工过程中应对名词进行多层级分类标注，并对提前分类标注的可行性、必要性等问题进行论证。

第四章在以往研究的基础上，阐明指人名词的判定标准及分类的必要性，提出框架测试法，论证该方法的理据并进行分类实践，归纳出现代汉语指人名词分类系统。

第五章探讨双项指人名词组合的内部制约。先是确立同位短语独立的语法地位，接着描写指人同位组构模式、模式间的连续统及组构规律，然后探讨同位短语的认知语义基础及作为独立类的理据。

第六章从大规模语料中提取对短语定界有用的外部规则，主要考察词语串邻近词语的属性、一定的句式对双名组构的外部限制。并论证边界确认规则与否认规则、外部规则与内部规则之间的关系。

第七章总结本书研究特点及其理论价值和实用价值，并探讨了由计算机处理汉语引发的语言工程的系统性、两可现象与语法规则、语法/非语法形式与静态/动态等问题。

韩蕾

序 言

（一）

应该公正地说，是计算机科学家的探索，开辟出了自然语言信息处理这一具有重大突破意义的领域，开创了计算语言学这一重要的分支学科。也正是因为计算语言学的探索进入了一个关键性的阶段，急切地寻求语言学家的协助和合作，这一合乎科学发展的动向得到了语言学界的迅速反响，计算语言学成为计算机科学与语言学研究相结合的一门交叉科学，成为应用语言学研究中的一门显学。

从20世纪八九十年代起，中国国家语委就开始了汉语语料库的建设，开始了一系列计算语言学的理论建设和人才培养工作。这部著作的作者就是在这样的大背景下成长起来的一位应用语言学的青年才俊。她参加了国家语委、语言文字应用研究所许嘉璐教授、傅永和教授领导的国家社科基金"九五"重大项目《信息处理用现代汉语词汇研究》的研究工作，参加了北京大学计算语言学研究所俞士汶教授领导的《人民日报标注语料库》的研制工作，参加了上海师范大学《当代汉语语料库（一期）》的研制工作，完成了她的博士论文《信息处理人名词研究》。

正式工作后，她又在博士论文的基础上，继续深入研究，对有关现代汉语指人名词的方方面面的属性描写和分析规则进行了一系列的研究。这部著作就是这一系列研究工作的集大成性质的成果。

（二）

语言信息处理的词切分、词性标注、短语结构标注和句子分析都会遇到语言单位的分类和句法语义属性的描写问题，需要探讨语言单位的分类机制和原则，语言结构的组配规律和应用限制问题，这些都涉及句法、语义、语用三个平面的属性描写与规则探讨。目前的研究主要是在句法语义属性的描写上，语用层面的研究比较少见。

汉语语言学在句法层面上的研究受到了汉语信息处理需求的严重挑战。传统的词分类研究的分析深度和句法语义属性描写的细度远远达不到汉语信息处理的精度要求。这就要求开展面向信息处理的理论、方法、机制、规则的研究，开展细致的句法语义语用属性分析描写的研究。这部著作就是这类面向汉语信息处理的现代汉语基础研究，旨在对现代汉语指人名词的再分类规则作深度探讨，对现代汉语指人名词的句法语义属性作细致的描写。更具有创新意义的是在进行指人名词的分类属性描写时，纳入了"指称性"的标准，探讨了句法组构中的指称性的原理和识别方法，深入到了句法——语用属性描写的层面。

（三）

跟传统的汉语本体研究相比，面向信息处理的汉语基础研究具有以下几方面的特征：

可验证性是面向信息处理的汉语基础研究的第一个特点。现代语言学认为操本族语者的语言直觉（intuition）是判断一种语言形式是否合乎语法，是否可以接受的根本标准。但是这种语言直觉是整个言语社团的社会语言心理，它是一种客观存在，但无法验证，所谓"只可意会，不可言传"。传统的语言研究实际上是依赖于语言学家的直觉（linguistic intuition），即"内省法"。内省法提高了语言分析的精确性和精致性，但仍没有解决可验证性这个根本问题，因此对某一个语言形式的合法性、可接受性，不同的语言学家往往有不同的判断和解释，这是一种常见的现象。面向信息处理的汉语基础研究，强调从实际语料出发，运用归纳法抽绎出规则规律来，这就有了词切分、词性标注（辨歧）、短语结构（结构层次、结构功能、结构关系）分析等一系列的工作程序，运用的是"概率统计法"。概率统计法大大加强了可验证性。但是，即使是大规模的语料统计，也免不了遇到言语中的种种变异：临时性的出错、言语应用领域（语域）差异造成的统计偏差，等等。从理论上讲，全域性的或者超大规模的语料统计应该可以消解这些偏差，但实际上无法做到真正的"全域"和"超大规模"。这就涉及可操作性了。

可操作性是面向信息处理的汉语基础研究的第二个重要特点。这部著作运用概率统计法和内省法相结合的研究方法，用各自研究的结果互校，作对比分析，这是一种切实可行且有实效的好方法。实际上最强调"从言语实际出发"的语言学家在语言研究中也不排斥"内省式"语言学分析的"干预"。话语语言学家是最强调第一手口语语料的真实性和完整性的了，通过隐蔽性的现场录音、电话窃听、非暗示性的调查对话等方法，收集到大量语料，然后进行分析。然而在统计分析以前，还必须对录音记录稿进行整理，把"嗯、啊、这个这个"之类的无意义的"停顿性垫话"、反复啰唆的赘余成分，说了半截子话再重新起头说产生的"非结构性成分"等都删除。这种"整理"，实际上就是语言学家的"内省式"干预。此外，本书中采用的"多层级分类标注法""分（小）类的属性描写法"等，也都是加强面向信息处理的汉语基础研究的可操作性的方法。

严密的系统性是面向信息处理的汉语基础研究的第三个重要特点。人们在听说读写的言语实践中得到自身语言知识库的全力支持，得到在长年的语言交际中积累起来的言语交际知识和语境知识的大力支持，这种知识库的建设和应用是随机的、开放式的。而计算机的运行则是一个相对封闭的系统，面向信息处理的汉语基础研究必须更强调严密的系统性。这部著作运用组合分析的原理进行分类的聚合分析，提出分类的句法语义属性描写的"框架测试法"，对关系类指人名词分析时运用了名词配价分析的原理；在对指人名词同位结构进行"内部限制"和"外部限制"的分析时，注意到了句法语义属性的结合处理，注意到了上下文因素、说话语境因素，这些都体现了汉语信息处理工程的系统性，是一种很有启发的探索。

（四）

诸多方家都说面向信息处理的汉语基础研究"很重要"，但是也"很难"。

既然"很重要"，就要有人来做；因为"很难"，更需要不畏难的志士仁人来做。

现在这方面的探索已经不再是"筚路蓝缕"的阶段了，"深入""细化"的难度更大。

作者的辛勤劳动，只是面向信息处理的汉语基础研究的一个小课题，只是汉语信息处理工程的一块砖石。但是，宏伟大厦就是在这样的一块块砖石的基础上建筑起来的。

成果有价值，人才正年轻，前途灿烂辉煌。

范开泰

目 录

第一章 引言：语料库与语言学研究 …… 1
- 第一节 自然语言处理与语料库 …… 1
- 第二节 语料库发展与语言学理论 …… 2
- 第三节 汉语语料库与中文信息处理 …… 4
- 第四节 现代汉语语料库与语法研究 …… 10

第二章 研究背景 …… 21
- 第一节 研究目的 …… 21
- 第二节 研究依据 …… 23
- 第三节 面向信息处理的"名·名"研究现状简介 …… 26
- 第四节 研究定位 …… 28
- 第五节 研究思路 …… 31

第三章 关于名词多层级分类标注的构想 …… 35
- 第一节 理论架构 …… 35
- 第二节 名词多层级加工实践 …… 39
- 第三节 对MCT法的理论反思 …… 42
- 第四节 小 结 …… 45

第四章　指人名词的分类研究 …… 47
- 第一节　已有的分类研究 …… 47
- 第二节　指人名词的确定 …… 49
- 第三节　指人名词分类的必要性及方法 …… 50
- 第四节　框架测试法的理据及运用 …… 52
- 第五节　指人名词分类结果 …… 57
- 第六节　余　论 …… 71

第五章　指人名词同位组构的内部限制 …… 74
- 第一节　"同位"概念的历史 …… 75
- 第二节　同位短语的地位 …… 77
- 第三节　现存的问题 …… 80
- 第四节　指人名词同位组构模式 …… 81
- 第五节　余　论 …… 106

第六章　指人名词同位组构的外部限制 …… 110
- 第一节　外部研究要解决的问题 …… 110
- 第二节　外部定界规则的类型、表述形式和特点 …… 112
- 第三节　确认规则 …… 117
- 第四节　否认规则 …… 133
- 第五节　有待进一步研究的若干问题 …… 145
- 第六节　余　论 …… 152

第七章　小　结 …… 154
- 第一节　本书研究的总结 …… 154
- 第二节　与本书研究相关的若干问题 …… 156

参考文献 …… 164
附录1：指人名词表 …… 182
附录2：名词研究札记二则 …… 189
附录3：现代汉语否定肯定对用格式研究 …… 214

第一章

引言：语料库与语言学研究

第一节 自然语言处理与语料库

自然语言处理（Natural Language Processing，简称 NLP）就是以电子计算机为工具对自然语言信息进行各种类型处理和加工的技术。

1946 年第一台电子计算机诞生后不久，人们就想用计算机来研究和处理自然语言。从 20 世纪 50 年代初期到 60 年代中期，机器翻译一直是研究的中心。当时采用的主要是"词对词"的翻译方式，译文效果很差。机器翻译的困境使人们意识到：要让计算机真正具备类似于人那样的处理自然语言的能力，就必须对语言自身的规律进行深入挖掘。因此，自 20 世纪 60 年代中期以后，人们便开始重视研究自然语言的语法、语义和语用等基本问题，并尝试实现计算机的自然语言理解，即人机对话，也就是人用自然语言向计算机提出问题，相应的，计算机也能够理解并用自然语言做出回答。当前，除了机器翻译和自然语言理解之外，自然语言处理的内容还涉及情报自动检索、语音自动识别与合成、文字自动识别、词典自动编纂、自动文摘、计算机辅助教学等众多领域。（冯志伟，1996）

随着自然语言处理深度和广度的增加，语料库（corpus）的作用日益明显。语料库，顾名思义，就是存放语言材料的仓库，但严格意义上的语料库主要指熟语料库，即"由大量搜集的书面语或口语构成，经过计算机储存和处理，用于语言学研究的文本库"（Renouf，1987）。

语言学史上第一个大型电脑语料库是"英语用法调查"（Survey of English Usage，简称 SEU），该库由伦敦大学语言学教授伦道夫·夸克（R. Quirk）于 1959 年建立，共收集 200 个语篇，内容涉及各种不同的语体。几乎与此同时，美国英语语料库也在美国布朗大学诞生，1961 年，以弗朗西斯（N. Francis）和库塞拉（H. Kucera）为首的一批语言学家和计算机专家联合攻关，建成世界上最早的机读语料库——BROWN 语库，语篇取自 20 世纪 60 年代有代表性的美国英语出版物，选材严格按照随机原则，语域也非常全面均衡，迄今仍被视为标准语料库。一般认为，这两个库可视为现代语料库语言学开端的标志。（王伯浩，1998）但就语料库语言学自身短暂的几十年发展历程而言，20 世纪中期正是它的低谷期。

20 世纪 80 年代以来，英语语料库语言学（corpus linguistics）复兴，相继出现 COBUILD、英国国家语料库（British National Corpus，简称 BNC）等容量达上亿词的大型语料库，到了 90 年代末，世界上主要语种基本上都开发了各自的语料库。语料库发展迎来一个前所未有的高潮。"计算机语料库研究者们突然发现处在一个不断扩大的世界"，"这种发展应使那些语料库的先驱者们感到欣慰。他们就像是从一辆驴车突然坐到了游行队伍中的一辆花车上"（Leech，1991）。

这中间的一个重要原因就是，计算机科学的飞速发展与计算机技术的迅速普及和应用。（丁信善，1998）语料库与自然语言处理的关系十分密切：从大规模、高质量语料库中提取出的细粒度语言规则，是制作出高精度自然语言处理软件的基础；高精度的语言处理软件反过来又可以提高语料处理水平，保证语料库的质量。

第二节　语料库发展与语言学理论

自 1957 年乔姆斯基（Chomsky）发表《句法结构》一书后，以转换生成语言学为代表的形式主义就逐渐占据语言学界的主导地位。跟早期结构主义者不同，乔姆斯基反对布龙菲尔德（Bloomfield）学派信奉的经验主义哲学和行为主义心理学基础，其观点十分符合 17 世纪笛卡尔的理性主义哲学。他认为，人脑不是一张白纸，不是经验主义学派所说的被动接收器，在那儿等着外部印象和数据印到上边。人脑天生具有一种非常丰富而且颇为细密的程序，用于接受、理解、贮存和使用来自感官的随意信息。人类之所以能学会语言，就在于大脑中先天赋予的语言习得机制（language acquisition device），具体地说就是普遍语法。因此，乔姆斯基区分语言能力（competence）和语言运用（performance），并认为语言学的中心任务就是前者。在材料的来源上，他主张从"内部"观察、获取本族语使用者的感觉和反应。这从乔姆斯基论著中的例句也能看出，他从不注明例句的出处，只要凭内省合乎规则的就是合格的句子，即使现在没有人说，将来也还可能有人说，这就使得有些例句显得十分古怪。这种对待例句的态度，充分反映了他面向理论（theory-oriented）而不是面向材料（data-oriented）的语言学立场。

正是由于转换生成理论把语料视作经验主义产物进行了全盘否定，并不遗余力地鼓吹研究者个人直觉在语言研究中的重要作用，因此，20世纪中期第一代语料库工作者的努力被当时的主流看成不合时宜的徒劳，整个语言学界在随后20多年的时间里差不多唯直觉是从、唯思辨独尊。语料库建设虽未绝迹，却只能小规模、不成气候地进行，基于语料库的研究方法也大受打击、名誉扫地。

经过对转换生成语法的跟从、应用和反思，人们逐渐发现形式主义唯理方法的最大不足在于其不可验证性（丁信善，1998），拿自造的例句、想当然的推论以及未经验证的假设进行语言学研究无异于"拿一束塑料花去研究植物学"（Sinclair，1991）。

20世纪末兴起的以韩礼德（Halliday）为代表的功能主义语法，则把语言看成是一种社会行为，而不是独立的客观存在。认为只有从语言功能，即语言使用的角度，才能对语言做出最终的解释。他继承了弗斯（Firth）的实证主义传统，其基石是对可观察的对象进行研究。显然，作为人们外部行为的语言运用是可观察的、可靠的依据；人们内在的语言能力则不可直接观察，只能通过语用实例进行推断。因此，功能主义特别看重语料库中语言的真实使用情况。

近年来，功能主义在跟形式主义的对峙中逐渐占据上风，语料库语言学也毫无疑问地由当初的边缘地位上升为语言研究的主流。因此，有学者认为，语料库正是语言学中形式主义与功能主义两大理论阵营"对垒天平上的一个举足轻重的砝码"（顾曰国，1998）。

第三节　汉语语料库与中文信息处理

一、汉语语料库加工思路

我国历来有注重语料的传统，20世纪20年代就有学者手工建设语料库。比较有代表性的是著名教育家陈鹤琴，为了编选千字课本，他与助手用了两年多时间，建立了包含语文课本、通俗报刊、儿童用书、妇女杂志、小学生课外作品、古今小说等六种合计55万余字的语料库，并在此基础上进行字频统计，最终选定4261个单字，编成《语体文应用字汇》，于1928年6月由商务印书馆出版，这是第一本现代汉字字频统计的著作，为汉字的计量研究做出了宝贵的贡献。

在西方语料库语言学的影响下，20世纪80年代以来，零星的机器可读汉语语料库的建设也开始起步。1991年，国家语言文字工作委员会开始建立国家级的大型汉语语料库，以推进汉语的词法、句法、语义和语用的研究，同时也为中文信息处理的研究提供语言资源，计划规模为7000万汉字，当时宣称，这将成为世界上最大的汉语语料库。近年来，各高校、科研院所也纷纷开始了汉语语料库的建设工作（冯志伟，2002）。

大规模、高质量的汉语语料库建设是信息工程的重要基础工程，可以给中文信息处理研究提供更为有效的支持，在语料库开发的几个环节（即规划、设计、选材、建库和标注）中（刘连元，1996），最后一个阶段（即标注）对语料库能起多大作用至关重要。所谓标注，是指计算机系统自动对未加工的语料库进行分析，使其具有语言学结构语义信息和其他信息特征标记。正因为语料库的功能跟语料标注的深度有如此密切的关系，因此，目前国内外许多研究机构的主要精力都花在用大量的人力、物力来制作大规模汉语标注语料库。据我们所知，北京大学计算语言学研究所跟日本富士通研究开发中心共同制作的一年《人民日报》（约2600万汉字）标注语料库是迄今为止世界上规模最大的汉语语料库之一。同时，上海师范大学也正在积极筹建"当代汉语语料库"。

总起来看，当前国内语料库加工的主要思路有两种（许嘉璐，2000）：

主流作法是以传统计算语言学为基本理论，循序研究语素—词—短语—句子—语段—篇章。北京大学开发的语料库基本采用此法，有这样几个环节：生语料—自动分词—语法标注—句法分析—语义语用分析—语言知识库。其中，词语加工的两个环节（即自动分词、词性的语法标注）是结合在一起同时进行的，所以，从未加工的生语料到形成语言知识库（静态词典、语法规则库和动态的上下文相关信息），中间主要经过三个环节，即词语加工、句法加工和语义语用加工（周强、段慧明，1993）。另外，许嘉璐教授主持的国家社会科学"九五"重大项目"信息处理用现代汉语词汇研究"包含了九个子课题①，重在解决现代汉语词的构造、分词、词类、兼类、词的语法属性等一系列中文信息处理技术所需要解决的基础性问题，是这一处理思想比较突出和集中的体现。

跟传统的基于句法知识的语言表述及处理模式不同的有黄曾阳先生的概念层次网络理论（HNC）。该理论认为：人对语言的理解本质上是一种认知行为，计算机对自然语言的处理就应建立在模拟人脑的这种语言感知过程的基础上。而人脑的认知机制"绝不是语法或句法，而是概念联想网络"，对联想网络的表述是语言深层（即语言的语义层面）的根本问题。联想网络分为局部和全局两类，前者对应着词汇层面、后者对应着语句层面。语料库加工的基本步骤为：语义块感知和句类假设—句类分析—语义块构成分析（黄曾阳，1998）。此外，具有探索性的研究还有陆汝占先生的基于内涵模型论的语义分析理论，目标是把汉语的语句表达式转换成逻辑公式，并进行模型解释，也是要深入到语义层面来处理汉语。但总的来说，从意义方面处理汉语的思想还没有用于大规模语料库的加工。

二、中文信息处理的难题

当"自然语言＝中文或汉语"时，自然语言处理就是中文信息处理。因此，中文信息处理，就是利用计算机处理汉语信息（包括书面的和口头的）。跟其他

---

① 这九个子课题是：信息处理用现代汉语分词词表；歧义切分与部分专有名词识别；信息处理用现代汉语词类及标记集规范；汉语词类兼类问题；现代汉语词的语法属性研究（之一）；现代汉语词的语法属性研究（之二）——现代汉语动词电子词典的扩充和名词槽关系；现代汉语知识词典的建立和词汇内部语义网络描述；现代汉语真实文本短语结构的人工标注；现代汉语词的构造研究。可参见许嘉璐：《现状和设想》，载《中国语文》，2000年第6期。

自然语言相比，由于汉语本身的特点，中文信息处理有一些特殊的难题。

首先是汉字的输入输出。我国自20世纪70年代以来开始汉字自动识别的研究，80年代中后期完成历史性的突破，基本上解决了汉字在计算机上显示的问题。

由于汉语书面语中词与词之间不像拼音文字以空格为界，字处理问题基本解决后，计算机面对着单个方块汉字线性排列的字符串，一个接踵而至的难题就是要像人那样能够把字符串"理解"成一串词，这就是汉语特有的自动分词问题。从20世纪80年代末期开始，国内多家单位着手开发自动分词系统和自动词性标注系统，分析精度不断提高，许多计算机自动分词应用系统都宣称达到了95%以上的正确率，但还有相当多的问题没有解决，仍离不开人工校对。具体说来有以下两种情况：

1. 歧义字段

据统计，汉语真实文本中，歧义切分现象的出现频率约为1/110，即平均110个汉字中出现一个歧义切分。如：

(1) **爱人**，也被人爱。
(2) 未来的3年**都会**是连续的无赤字财政年度。

例1中，"爱人"这一形式，在句中不是一个名词，而应该切分为动词"爱"和名词"人"，计算机对此很难判断。例2中，是副词与助动词构成的短语"都（dōu）/会"还是名词"都（dū）会"，机器也有可能出错。这些就是所谓的组合型歧义问题，即字符串AB中，AB本身是词，切开来A、B也分别是词，计算机不知道该合并还是该切分，即要不要"多切一刀"的问题。此外，还有"不如、既是、又是、也是、就是、只是、既要、又要、只要、只有、还有"等一批同形同音字段，需要区分是词还是短语。如：

(3) 基辛格说，"那**可是**一个伟大的时刻"。
(4) **可是**他最终还是没有能等到这一天。

但大量的歧义切分现象倒不是组合型的，而是交集型的，占总数的86%。

所谓交集型歧义,是指在字符串 ABC 中,字符 B 可同时与前面 A 或后面 C 成词。如:

(5) 去年,全市组织干部在**田园**/**化工**/程等事业中义务投劳 3 万个工日。

(6) 中国建设银行在我国的经济和社会发展中起**着重**/**大**/作用。

例 5 中,"化"既可以作为后接成分与前边的"田园"组成动词"田园化",也可以与后边的"工"构成简称词"化工"。例 6 中,"重"可与"着""大"分别成词。让计算机判断应切成 AB/C 还是 A/BC,即这一刀"切在哪里"是比较困难的。例句中的斜线为计算机所做的错误切分。

2. 未登录词的处理

未登录词是指计算机系统配备的词典中没有的词。据统计,这类词约占文本的 1%—3%,如果不予处理,将导致为数可观的分词错误,其影响甚至超过歧义切分字段。如:

(7) 周真国主动**请**/**缨**到小学任教。

机用词典并没有收录词条"请缨",计算机由于查不到该词便做出了错误判断。其中,专有名词中人名的识别已被作为一个专门课题进行研究。如:

(8) 副主任/**高伟向**/记者介绍说。

例 8 中,姓名的右边界切分错误,联系上下文,正确的切分应是"高伟/向"。事实上,词典不论如何扩容,总会存在未登录词问题。这时,只能根据文本的实际情况进行处理。

据段慧明(2000),随着可供机器学习的语料逐渐增加,未登录词将相应减少,切分错误也会大幅度下降;但由于语料量的增加会带来多词性词的增多,所以词性标注错误会上升。这意味着,机器进行词语加工的难点相对来说并不是词语切分,而是词性标注。

机器自动标注词性时的最大困难就是多类词的词性选择。传统语法研究多局限在兼类词的范围内讨论同一语言成分的多词性现象，如，"繁荣"是一词多义，在"繁荣市场"中，表示"使昌盛"义，作动词；在"市场繁荣"中，表示"昌盛"，作形容词。而汉语自然语言处理中的多类词，范围要大大拓宽。因为机器处理书面文本时，无法区分同形异音词与同形同音词，所以信息处理中，不但要区分"你别来"和"进校门要别校徽"之类同形同音词"别"的词性，还要区分"他是个好（hǎo）人"与"他好（hào）睡懒觉"中同形异音词"好"的词性。信息处理把这些并非同一语言成分的多词性现象连同语法研究中的一词多功能的兼类词都统称为多类词。（俞士汶，1999）常见的多类词有：

名、动多类：代表、报告、领导……

形、动多类：繁荣、端正、明白……

介、动多类：通过、作为、针对……

介、连多类：和、跟、同、与……

副、连多类：就、才、可、不过……

计算机只有完成了词语分析，才能继续下面的句法和语义语用分析。目前词语切分和词性标注软件的正确率封闭测试最高也就是90%多一些，这个数字还会随着语料量的增加而下降。因此，词处理阶段遗留下来的上述问题应尽早寻求解决办法，否则将始终影响词语加工的效率，并直接困扰后续加工。

可见，严格说来，计算机对汉语"词"的处理尚未达到完全自动化。虽然如此，从实用角度看，当前的汉语自动切词软件也还是能够满足基本要求的，为后续的语言处理提供了一定基础。但计算机可用的汉语句法、语义、语用等多层面语言知识仍极度贫乏，这是制约计算机开展下一步处理的瓶颈。

句法分析（parsing）是自然语言理解的关键步骤，在句法分析的基础上可再进行语义、语用等的分析，从而最终达到对一个句子的理解。大规模语料库的句法加工是当前语料库语言学的前沿课题，也是计算语言学研究的一个热点。国外对英语的自动句法分析取得了一定成果，已研制出几个英语句法分析器，如PASIFAL，Fidditch，ESG，Cass等，并在语言模型、语法规则构造和分析算法等方面取得了许多经验，而且构建了几个规模比较大的英语树库（treebank），如英国的兰卡斯特-利兹（Lancaster-Leeds）树库项目和美国的宾州（Penn）

树库项目,都达到了 200 万词以上。近几年来,国内关于汉语语料库句法自动标注的研究也开始起步,有一些小规模的树库,一般是几千个句子。理论、算法研究方面正处于实验探索阶段,例如,周强(1996)利用统计排歧策略提出了一个短语的自动界定模型,可以较好地确定经过正确切分和词性标注处理的汉语句子中不同短语的边界位置。总的来说,对自然语言的自动句法加工,目前国内外都未取得根本性的突破。特别是因为汉语在句处理阶段所碰到的困难要比字处理和词处理更大,自动句法分析的现状更不尽如人意。

要提高自动句法分析的效率,完成大规模真实文本语料库的句法标注,必须进行一系列面向汉语信息处理的汉语句法基础研究。这方面的代表性成果有:马真、陆俭明(1996)对汉语"名词+动词"词语串的研究,詹卫东(1997)对消解汉语"P〈被〉+VP1+VP2"格式的歧义而提出的具体规则,孙宏林(1997)从标注语料库中归纳汉语"V+N"序列的语法规则的实验分析,以及詹卫东(2000c)面向中文信息处理进行的现代汉语短语结构规则研究等。这些研究都注意到机用特点,提供的语法规则非常充分、细致,可操作性也比较强。

再以机器翻译领域为例,由于机器翻译几乎涉及对汉语全部知识的需求,对中文信息处理的自动化有着极其重要的意义,所以,汉语机器翻译一直是中文信息处理中最引人注目的课题。虽然我国这方面的研究自 20 世纪 50 年代后期就开始起步,80 年代后期以来,一系列实用化、商品化的机器翻译软件也已推向市场,但其中以外汉翻译软件居多,汉外翻译软件非常少。一个重要的原因就在于机器翻译的前提是需要对原语言句子的语法语义结构作充分剖析,而汉语作为原语言被翻译成目标语时,对其语法语义结构的分析相对于其他语言(比如英语)还相当薄弱,因此,面向信息处理的汉语句法、语义分析研究对汉外机器翻译来说也是当前需要攻克的难关。

正是充分意识到中文信息处理当前所处的严峻现状,一些学者指出,"中文信息处理基本上还停留在'字处理'阶段。……如果我们说得'宽宏'一些,最多可以说是处在'字和词处理之间'阶段。……至今还没有跨上'语言处理'这个台阶"(许嘉璐,2000)。

第四节　现代汉语语料库与语法研究

一、语法研究对汉语语料库加工的作用

（一）语法研究的已有成果是语料库加工的前提

语言有形式和意义两方面，计算机处理汉语，可以从任何一个方面入手。从形式出发，就是要分出大大小小的句法类，然后以此为基点去分析语言成分间由句法到语义直至语用的种种关系，最终完成对自然语言的理解。而从意义出发，就是要分出大大小小的语义类，然后追踪由深层意义到表层形式的映射，至于各语言成分的句法类别则是这种分析水到渠成的结果。

如第三节所述，后一种思想并没有用于大规模汉语语料的加工，很重要的原因是语法界在给意义分类方面尚无成熟的成果可资借鉴，信息界为开发系统所作的语义分类探索至今仍举步维艰。相形之下，从形式入手是信息界的主流作法，因为在划分汉语词语形式类方面语法学界已做了许多有益的研究，其成果可直接拿来利用。

我们知道，现代汉语词类问题经过语法界的长期论争，若干重大理论问题已基本达成共识，即汉语词类的划分目的是为了说明句法结构；划分标准主要是句法功能，兼顾意义和形态；划分结果最好兼顾"词有定类"和"类有定职"。这些思想对当前的语言工程实践具有极其重要的指导意义。

只要简单对比一下现有的几个比较成功的汉语处理系统，就会发现，它们所使用的现代汉语词类标记集尽管大小类粗细程度有很大差异。但在第一个层面词的大类划分上，都遵循了词的句法功能这一原则。此外，在判定多类词词性时，一般都坚持了句法功能。以北京大学语料库为例，譬如：

形容词和动词的区分，看它能否带宾语，带上宾语就是动词。如例9中的"红"：

（9）他跟她没红过脸。　　（10）这花很红。

介词和动词的区分,看它能否单独作谓语,能单独作谓语就是动词。如例 11 中的"在":

(11) 你爸爸**在**不**在**? （12） 他**在**教室自习。

若句法环境不足以区分多类词词性,就兼顾意义:

(13) 科恩**致词**得到了与会代表的赞同。
(14) 开拓多渠道的**投资**格局。

根据该系统所依据的语法体系,例 13 中的"致词"、例 14 中的"投资"不论标为动词还是名词,都是可行的。但考虑到,这里的"致词"不是指动作"表达言词",而是指实体"言词";"投资"不是指"资金",而是指"投入资金"。因此,这两例中的"致词""投资"分别标为名词、动词。类似的还有"讲话""谈话""报告""祝词""发言""建议""计划""导演"等。显然,上述处理方法较好地保证了语料初加工的质量,并为以后的深加工打下了基础。

(二) 语法研究"两难"问题的解决已提上日程

张斌先生（1998）曾经指出语法分析中存在两难情况。他举的例子是:

(15) **因为**他的粗心,所以财产受到损失。

张先生认为,"因为"后边接的是名词性短语,宜作为介词;但后边又出现"所以",宜归入连词。这就属于两难的情况。

这种情况的出现,说明传统的语法规律并没有对语言现象做出充分的描写,一旦面对新现象,就难免捉襟见肘。但语料库加工,迫切需要给所有的语言现象一个明确的"说法",这样,以往久议未决的老大难问题就被提上了日程。譬如:

1. 连介多类的处理

"因为、因、由于"充当连词或介词的条件分别是什么呢?可以先看看实际语料:

(16) 他**因为**我挨了党支部书记的批评。

(17) **因为**他，我推迟了动身的日期。

(18) 中东和平进程将继续下去，不会**因为**某个人而中断。

(19) 我是**因为**冷姐的关系，才来你们公司的。

(20) **因为**他的提议，所以两国终于建交。

(21) 副总理谢罗夫**因**工作不力，于二月二十八日被总统解除了职务。

(22) 先进企业往往**由于**不堪重负而被拖垮。

(23) **由于**老师傅耐心教导，他很快就掌握了这一门技术。

(24) 企业之所以替代市场存在，是**因为**通过市场交易是需要成本的。

例 16 是介词，例 24 是连词，意见基本比较一致。例 17 至例 23，就有许多不同的意见。分歧原因主要是确定词性时，有意无意地采用了多重标准，包括：

①后接成分的词性：如果后接成分是名词性词语，则为介词，如例 16—例 20。若是谓词性词语（包括主谓短语），则为连词，如例 21—例 24。

②上下文中的关联词语或连词：如果上下文中有连词或关联词语与之呼应，则为连词，如：例 18"而"、例 19"才"、例 20"所以"、例 22"而"、例 24"之所以"。若没有，则为介词，如例 16、例 17、例 21、例 23。

此外，还有人提出了词语能否删除、主语是否一致等标准。

总体来看，关联词语的有无并不是区分单复句的硬性标准、主语是否一致还要牵涉到省略等。而如何综合运用以上标准，更没有统一的作法，这都是产生两难问题的症结。

本书认为，如果只运用后接成分句法功能这一单一标准，比较容易处理下面更为复杂的例子，例如：

(25) 这不仅仅是**因为**过去的教训，还**因为**梁山好汉不同于政府军，一百单八将大多是武官、武侠、武僧、武夫，各有各的武功绝技，而且常常单打独斗。

(26) 墨西哥这次金融危机，直接原因是**由于**政局不稳。

例 25 中的"因为"分别是介词、连词；例 26 中的"由于"为连词。

如果运用多重标准，就必须明确各标准使用的顺序、协调好标准之间的矛盾。

2. 简称的切分与标注问题

出于语言经济的目的，人们常把一个较长的语言片段简缩成较短的片段，称为"简称"或"缩语"。双音节简称词语加工时被处理为合成词，问题不大。关键是如何处理通过紧缩形成的三音节（有时是四音节）简称。如：

软硬件、中下游、专兼职、大中型、县处级、冠亚军、病虫害、教职员、中小学、寒暑假、工农业、中低收入、大中城市……

目前至少有三种处理意见：

一是看成一个类固定短语不切分，标注为简称。如"软硬件/j"。

二是把定语切出来。要么两个定语切开后分别标词性，如"软/a 硬/a 件/Ng"；要么两个定语合起来标一个词性。如"软硬/a 件/Ng"。

三是补出省略成分后，再切分成两个词。如"软（件）/n 硬件/n"。

此外，还有这样一些例子。如：

存、贷款　参、众两院　局、处级　（所谓的）县"处"级　军（师）长　兰（州）西（宁）拉（萨）　通信光缆　小至中雨　中到下游

两个定语中间插入了标点符号或其他词，这些现象如何处理，可以综合考虑音节数、结构层次等定出一个较为妥帖的标准。

3. 语言符号的非语言符号用法

（27）舟山市定海区农民在开春之际用一个大红"**富**"字，表示再夺农业丰收的喜悦之情。

（28）只有苦干实干，时刻把群众冷暖挂在心上，才能"**实**"字当头，"**敢**"字当头，把实事好事办好。

例句中的"富""实""敢"怎么标词性呢？有三种看法：

一是选择其最常用的词性标注,即"敢"为动词,"富""实"为形容词。

二是因它们与"字"同指,统一标成名词。

三是标记为非语言符号。这种观点认为,上例都是语言符号的非语言符号用法,类似于"'不'是副词"中被当作一般符号来指称的"不",与"？是问号"中的非语言符号"？"也没有什么两样。

本书认为,第三种看法似更可取。

(三) 立足于整个语法体系的全盘思考

语言工程是系统工程。一方面,自然语言处理的终极目标是为了实现对意义的理解,词语加工归根到底只是为最终的语义语用加工服务;另一方面,在词语加工的过程中,也需要以一定的句法、语义语用知识来支撑。这种状况的存在正说明了,语言作为一个系统,其构成成分的联系相当紧密。任一层面的分析都需要配备对其他层面知识的深入了解,同时任一层面的分析又都需要考虑与其他层面的衔接。

因此,词语加工虽然只是语料的初加工,但在切词、标词性时就必须考虑为后续的意义加工提供便利,这一点从上文的分析也能看出来。特别是当前的许多汉语处理系统,在词语加工环节,还标注了词语的部分小类或附类。跟词语在第一个层面大类划分上偏于句法功能不同,词语在第二个层面的次类划分更多地掺杂进了意义因素。

像北大的词类体系就增加了动词（v）和形容词（a）的附类——名动词（vn）、名形词（an）、副动词（vd）、副形词（ad）等。所谓副动词、副形词,就是不加"地"直接做状语的动词或形容词。

下面重点谈谈名动词,当双音节动词出现在以下四种位置之一时,就标为名动词（vn）：

a. 作特殊动词"有"的宾语。例如："领导对这件事有考虑"中的"考虑"。

b. 充当了形式动词或其他准谓宾动词的准谓词性宾语。如:"加以整理"中的"整理"。

c. 直接充当体词性短语的中心语。如:"语法研究很重要"中的"研究"。

d. 不加助词"的",直接充当体词性短语的修饰语。如"必须改进训练方法"中的"训练"。

自 20 世纪 60 年代以来,传统语法一直有关于"名物化""指称化"等问题的讨论。到现在,很少有人断言主宾语位置上的动词、形容词已转化为名词。但说它完全不变,跟许多人的语感又不相符合。因此,比较折中的看法是认为主宾语位置上的谓词仍保留原有词性,但在语法、语义等功能上都有所变化,北大信息处理系统增设名动词等词类标记,就是在词法层面上体现了这一看法。

那么,这样做到底利弊如何呢?本书认为,名动词等标记的设立,至少有以下两点好处:

第一,符合兼类尽可能少的原则。

据郭锐(2004)统计,"研究、检查、影响、准备、分析、工作"等兼动词、名词性质的词占常用动词的 44%,也就是说,有将近一半的汉语动词能出现在上述位置,表现出名词的性质,与其把这么多的动词看成兼名词,不如把它们算作动词的附类"名动词"。

第二,短语的句法关系较易识别。

词语加工阶段,如果只标注大类的词性,如"研究/v 成果/n""鲁迅/n 研究/v"中的动词,到了句法加工,为了帮助计算机识别该动名、名动序列的句法结构关系,还必须提供足够的句法甚至语义规则来区分是述宾、主谓,还是定中短语。可是,如果标注上名动词,如"研究/vn 成果/n、鲁迅/n 研究/vn",到了句法加工,就可以借助名动词的提示,直接判定结构关系为定中短语。

但是,这些附类标记的增加,也带来了另外的问题,主要有以下两点:

第一,与兼有的其他词性的区分。

"繁荣、稳定、团结、纯洁"等词是形容词、动词的兼类,现在又增加了名动词、名形词,那么当这些词语出现于体词性短语的中心语位置时,该将它们标注为名动词还是名形词呢?如:"民族团结有利于国家稳定"中的"团结"和"稳定"。

特别是有些词,身兼名词、动词、形容词三类,如何区分名动词、名形词以及名词,就相当困难。如:"近期没有明显的冷空气活动"中的"活动"。

第二,增加了词语加工的难度。

附类的标注离不开句法结构关系的分析。如:

    多样化/v 创作/v 局面/n 易地/v 交流/v 干部/n

只有知道前者是定中结构的套叠,后者是状中嵌述宾结构,才能把例子中动词附类的标记标注正确,例如:

多样化/vn 创作/vn 局面/n 易地/vd 交流/v 干部/n

有时,句法结构关系不清时,还要考虑语言成分间的语义关系。例如:

据/p 统计局/n 统计/v　　　据/p 资料/n 统计/vn

后者理解为定中关系问题不大,所以应把"统计"标为名动词,但前者是主谓还是定中关系似乎都说得通,这时就要进一步考虑语义关系:"统计局"与"统计"为"施事与动作",而"资料"与"统计"为"受事与动作"。所以,前者"统计"仍标为动词。

可见,这一点是和短语句法关系较易识别相对而言的。那么,有没有必要在词语加工阶段就过多地涉及句法关系乃至语义关系的分析呢?这需要深入考虑后才能给出答案。

综上所述,不论是增添词语附类以降低后续工作的难度,还是为保证词语初加工的质量在后续处理中扩充规则,在计算机理解汉语这一总目标明确的前提下,如何有步骤地分解任务以求最优化?我们认为,只有立足于整个语法体系权衡利弊、全盘考虑后再谨慎行事才是上策。

二、汉语语料库对语法研究的作用

(一)语法研究内容的拓展

英国语言学家斯威特(H. Sweet)对语法和词汇各自的领域曾作过如下界定:语法研究一般事实,词汇处理具体事实。韩礼德则认为,词汇是最为精细的语法(周欣,1999)。近年来,以词语为中心的语境共现和前后搭配——词语行为(lexical behaviour)或者说语言生态(language ecology)研究,逐渐成为语料库语言学、词汇语义学以及语法学不约而同的研究取向。究其原因,在于它既符合语言学理论的主流走向,又有现实的技术支持。

首先,以乔姆斯基为代表的句法中心论者主张句法自治(syntactic autonomy），即句法是一套独立的语言结构规则，词语仅仅是这个结构的填充材料，即"句法第一、词语第二"。而布雷斯南（Bresnan）的词汇—函项语法论者则坚持词汇中心论，语言体系中的词语都具有意义潜势（meaning-potential）。人们的交际行为，主要是选择合适的词语，包括词语的适当语法形式、实现意义的过程，因此，词语描述应参照其常用的句法结构，句法结构描述也脱离不了相关词语。形式与意义、词语与句法其实是不可分割的统一整体，词语搭配行为研究恰好把二者结合了起来，再加上词语搭配揭示了语言使用的典型性程度，因此可以说，以词语为中心的研究，使得词法、句法、语义与语用各层面的区别在最大程度上达到了融合，也体现了形式、意义和功能综合一体的特色。而这一观点，正是为越来越多的人所认同的功能主义语言观。

其次，大规模汉语语料库的陆续建成和投入使用，使得以前基于直觉或手工收集有限材料难以发现的语言现象，都可被计算机捕捉到。当前的语料库基本上都提供 KWIC（key word in context）功能，关键词居中出现，左右便是词语的语境，语境长度可由研究者根据需要设定，这使得对词语之间搭配事实的观察变得十分容易。

（二）语法研究手段的更新

计算机目前还不能像人那样思维，它的基本工作方式是"条件→动作"，它只有知道是什么样的条件，才可以执行相应的动作，这就是可操作性。在计算机看来，任何一个句子只不过是一连串的字符，它当然不"懂"。必须要靠人先挖掘出语言现象背后的各种条件，计算机才有可能像人那样分析出正确的句法、语义乃至语用结果，最终"理解"语言，这就要求提供给机器的规则必须清晰有效、不矛盾甚至说一不二。而要做到这一点，语言研究者在总结语法规律时，就必须注意语料的全面和真实，充分利用计算机和语料库。

一个可信度高的语料库能够为语法研究提供所需的标准、规范、有代表性的语料，这自不待言。更为可贵的是，它能真实地呈现我们平时所忽略的事实，从而在很大程度上弥补了传统研究手段的不足。

在词类问题上，吕叔湘曾经说过一段很有指导意义的话，"认识问题的复杂性，我想，该是走向解决问题的第一步。第二步呢，就要占有材料。说句笑话，咱们现在都是拿着小本钱做大买卖，尽管议论纷纭，引证的事例左右离不了大路边儿上的那些个。而议论之所以纷纭，恐怕也正是由于本钱有限。必得占有材料,才能在具体问题上多做具体分析。……词类问题的全盘解决毕竟要依靠这一群词和那一群词,甚至这一个词和那一个词的透彻研究,这也是无可怀疑的。在这方面,咱们过去做的工作真是太不够了"(吕叔湘,1990)。

当前的词性标注工作正是在真实语料中对每个词逐一加以考察,语言学者应充分利用这些资源来验证或者修正已有的词类知识。譬如,区别词作为粘着词,基本上只能在名词或助词"的"前出现。但我们仅搜索了200余万字的《人民日报》,就发现:

(29) 大话和假话常常**孪生**。许多大话包含着假话。
(30) 他们拼搏奋进,争创**一流**。
(31) 雪灾到来时,饥寒交加的灾民**成片**地死去,饿殍遍野。

区别词分别做谓语("孪生")、宾语("一流")和状语("成片"),当然这些用法频率很低,各出现一次,可视为区别词的临时活用。但不论如何,它都丰富了我们对这类词的认识。因此说,汉语语法规律的总结必须注重运用真实语料库。

(三) 对语法研究方法的启示

语料库代表了一种新的研究思路,它给汉语语法研究带来了巨大的冲击。如何在传统研究的基础上,充分有效地整合语料库方法的优势,提高汉语研究水平,在方法论上进行反思和总结,是十分必要的。我们认为,有这样几对关系应予特别关注:

1. 语料库方法与内省方法的结合

传统的汉语研究,多通过人工做卡片的方法采集语料,学者们皓首穷经、费时费力,所见也难免有限。而现代电子语料库容量动辄以亿计,监控语料库(monitor corpus)的开发,甚至使动态语料的获取看起来都那么简单易行。因此,当代汉语研究要借助语料库似乎已成为不言而喻的事情。

这里要强调的是,运用语料库的同时,不能忽视内省的作用。英语语料库的发展给了我们很好的启发。早期的语料库研究者,曾把语料库当成唯一可靠的依据,排斥直觉判断和语感介入。如今,人们对形式主义和功能主义、理性主义和经验主义的对立一般持折中的观点,认为两者是可以互相补充的。"语料库不再被看成是能解决所有问题的万用灵药……在检验语言学假设方面的价值被越来越多的人认可"（Leech，1991），"我不认为有这样的语料库：它能包括有关我要探究的英语词汇和语法领域的所有信息，不论其有多大。……每每有机会探查语料库，无论多小，总使我获得一些用其他方法无法得到的事实。我的结论是：两类语言学家相互需要"（Fillmore，1992）。这反映了语言学界想在语言研究中取得人工数据和自然数据平衡的普遍心态。

2. 概率方法与规则方法的互补

人们在使用和理解语言时，心理过程到底如何？客观主义强调概率，因为"语言系统天生就是概率性的"（Halliday，1991）。心灵主义则认为"一个人产生和辨认语法话语的能力并非建筑在统计逼近等概念的基础上的"（Chomsky，1957），人们只能依据内部规则知识通过逻辑推理来处理语言。

基于语料库的方法，即概率的方法。它的假定是，如果我们对数量很大的语言数据做定量分析，就能进行概率性的预测。其基本方法是，建立复杂的统计模型，统计出样本中某特征的频率，再以这些量化数据来对语言现象做出概括。相对于传统的定性研究而言，这种方法可以把人们"只可意会、不可言传"的模糊语感客观地量化，给出精确的数字化指标，因此，近几年的现代汉语研究中，这种定量研究的方法备受推崇。对此偏向，詹卫东（2000b）有过一段论述："时下不少研究工作，尤其是一些用统计方法来处理语料的文章，疏漏了这方面的必要说明，罗列一大堆统计公式再配合一两个简单的例子，让读者特别是文科背景的读者丈二和尚摸不着头脑"，因此，他特别肯定白硕在论文中专辟一节，"对由计算机通过计算抽取的汉语知识给出语言学上的解释"的做法。

陆俭明（2004）也表达了定量分析不能缺乏定性分析、概率统计不能代替规则描述的思想，他指出："语料库知识给我们提供各种统计数据，至于如何分析这些数据，如何从这些数据中获得语言学知识，如何把这些数据和人的语言学知识联系起来，以及如何将这些语言学知识付诸实践，用来解释或检验某些语言学观念，还必须作这样一步工作，那就是必须对量化模式给予恰当的定性和功能解释，而这又有赖于人的语言知识。"

最后，再提一个与之相关的题外话题，即代表人类认知结果的所有语言范畴是否都适宜量化处理？先看一个英语研究实例，有学者把英语中的词语组合按松紧度分成自由组合、有限组合与成语。语料库调查结果却证明，三者的区分尺度只能是一些定性分析,无法找到确切的定量标准。(杨惠中,2002)上述结论是否成立还可商榷,但这个说法对汉语研究不无启发。我们觉得,当前有一种流行的做法,即试图给每个语言范畴都贴上量化标签。其实,定量分析方法到底在多大范围内适用,是一个需要汉语研究者首先冷静思考的前提问题。

综上可知,汉语语料库建设与汉语研究,有极其密切的关系,这包括两方面的内容:一是汉语研究要满足语料库开发、建设的需要;二是经过加工、标注的语料库应该服务于汉语研究的需要。

可见,语料库语言学(corpus linguistics)这一术语,其实有两层含义:一是研究对语料库中的自然语料如何进行加工标注的方法,二是对加工过的语料库进行研究、利用的方法。本书正是在上述两个含义上使用"语料库语言学"这一概念。总起来看,本书研究特色可概括为"基于语料库语言学的现代汉语指人名词研究"。具体说来,包括两个方面的内容:一是以指人名词为例,谈语料库建设中如何完成对指人名词构成的双名词语串的标注。二是以指人名词为例,展示如何利用语料库开展对现代汉语特定名词的定量调查。

我们有理由相信,汉语研究者通过对汉语语料库的建设与利用,在批判地继承现行语言学理论方法的基础上,完全有可能建构起新的观点和理论,从而为语料库语言学这门新学科的发展作出自己应有的贡献。

第二章

研究背景

第一节　研究目的

本书拟研究的现代汉语指人名词构成的"名·名"词语串的识别与理解，是在汉语语料库标注的第二个环节——句法加工中所碰到的问题。本研究产生于语料库建设实践，笔者曾先后参与了导师的一些课题：北大计算语言所《人民日报》语料的词语加工、国家社科基金"九五"重大项目九个子课题之一的"现代汉语真实文本短语结构的人工标注"、上海师范大学"当代汉语语料库（一期）"语料深加工工作。笔者所参与的语料库加工工作遵循的是从形式入手的主流作法。

汉语句处理的很多问题实质上都跟短语分析有关。詹卫东（2000b）认为"就汉语的特点而言，句法分析的很大一部分工作实际上可以看作是短语（词组）结构分析"，因此，他把句处理也称为短语结构分析。自动句法分析的主要任务是把句子的词语序列映射为句法成分的层次结构①，具体可以分解成：

第一，边界界定。面对着经过正确词语加工——词语切分和词性标注后的汉语句子，如何利用其中的词语、词类和句法特征信息，确定短语的边界位置，即哪个词语处于短语的左边界（[），哪个词语处于短语的右边界（]），是汉语

---

① 分析的结果可以表示为一个句法分析树，也可以表示为一个加括号的符号串，前者便于人工审校，后者便于在机器上存储和访问，本书统一采用加括号的符号串这一形式以节省篇幅和便于排版。

短语界定研究所要解决的主要问题。此问题的正确解决，对于进一步进行括号匹配和分析树生成，进而完成汉语短语的自动划分和标注，具有重要意义。对于汉语句子，如：

她/r 自称/v 是/v 一/m 位/q 美国/n 外商/n。

经过短语界定处理，应能得到以下结果：

［她/r ［自称/v ［是/v ［［一/m 位/q］ ［美国/n 外商/n］］］］］。①

第二，句法标注。短语的分类，可采用内部结构和外部功能两大标准。按照内部结构，可分为联合短语、偏正短语、主谓短语、述宾短语、述补短语、连动短语、兼语短语、同位短语等；按照外部功能，可分为名词性短语、动词性短语、形容词性短语、副词性短语、小句性短语等。目前计算机对汉语短语的自动句法描述，主要是对短语结构功能的标注。处理结果如：

［她/r ［自称/v ［是/v ［［一/m 位/q] mp ［美国/n 外商/n] np] np] vp] vp] jp。

在完成短语定界、短语句法功能和结构关系类型加工（其性质就是传统语言学讨论的层次、功能、关系分析）等任务时，机器标注与人工标注存在着比较大的差异，有许多必须解决的特殊问题。同时，计算机句法加工所依赖的"语言知识库"根本无法与人脑的知识存贮相比，汉语缺乏形态标记也给机器分析带来很大困难，因此计算机往往在第一步短语边界的识别上就容易产生错误，

---

① 熟语料主要来自上海师范大学在建的"当代汉语语料库"，词性标记、短语结构关系标记、短语功能标记等标注符号基本从该体系，各类符号的具体含义可参看任海波（2000）附录1和附录2。其中，斜杠后下标表词类，左、右括号表短语左、右边界位置，左括号后下标表短语功能类，右括号后下标表短语结构关系类。如：［dz 美国/n 外商/n] np "/n"表示斜杠前的词"美国""外商"为名词，"［""]"分别表示短语的左、右边界。"] np"表短语结构功能为名词性。"［dz"表短语结构关系为定中。

从而使第二步工作丧失了基础。下面是计算机自动分析错误的一例：

＊［她/r ［自称/v ［是/v ［［［一/m 位/q］mp 美国/n］np 外商/n］np］vp］vp］jp。①

上例中，计算机过早地把数量短语"一位"与"美国"捆绑在一起。这个错误发生的原因在于：机器中虽然有数量短语与名词搭配的句法规则，却缺少量词与名词搭配的选择性限制规则。所以，现阶段的计算机自动句法加工必须进行人工校注。大量的、经过人工校注过的短语语料能够为计算机自动学习规则、进行统计分析等提供非常宝贵的依据。

显然，不论是为了提高语料库加工的正确性，还是为了提高计算机提取自动分析规则的精密性，从大规模真实文本中全面、深入、细致地挖掘出适合汉语信息处理使用的准确、有效的语言规则已成为当前十分紧迫的任务。本书的研究对象是现代汉语指人名词构成的"名·名"词语串，研究的最终目的是为计算机正确完成与双名词语串有关的自动句法处理任务——短语定界和句法标注——提供语言规则。

第二节 研究依据

一、为什么要选择指人名词作为研究对象

我们拟讨论的指人名词从宽理解，除指人的光杆名词，也包括具有名词性质的代词、数词、量词；简单的名词性短语（如，"这人""一个人"）等。比较精确的说法应该叫作指人名词性成分或指人名词语。为行文的简洁，本文统称为指人名词。以该类名词作为研究对象，是因为：

（一）指人名词在名词中占有重要地位

指人名词是名词的重要义类之一。《同义词词林》《简明汉语义类词典》等

---

① 这是用清华智能技术与系统国家重点试验室周强正在研制的"短语自动切分软件"加工的一个样例。

一些重要的义类词典都把它放在第一位来讨论。北京大学开发的基于配价的汉语语义词典、《九○五工程》的语义分析体系等一些信息处理用现代汉语语义词典也都把指人名词作为一个非常重要的类别列出。①

即使是北大开发的主要为计算机提供语法信息的《现代汉语语法信息词典》，在把名词按语法属性分出小类后，又为具有指人这一语义属性的名词同时增加了专门标记。俞士汶先生（1998）在这部词典的详解中说："根据与不同量词的搭配关系，本词典将名词划分为以下七个子类：可数个体名词（书、教师）填'na'……专有名词（长江、中国）填'ng'。此外，指人名词在相应的子类后加上'p'。如'教师'的本字段填'nap'，'毛泽东'填'ngp'"。在一部语法词典中，给一小类词的语法、语义属性同时作标记，也就只有指人名词，这充分显示了指人名词在信息处理中的重要性。

另外，还有学者发现：汉语富有深厚人文性的重要标志之一是汉语大多数名词词缀具有构成指人名词的能力。② 这从一个侧面证明了指人名词在名词中的重要地位。

（二）指人名词之间可构成多种结构

指人名词相互组合，可以构成四类结构关系，例如：

阿哥阿妹（联合结构）　　小李律师（同位结构）

青年医生（偏正结构）　　他劳模（主谓）

其他名词自相组合，能够构成四类结构关系的情况比较少。因此，研究指人名词内部分类，揭示各小类内部的语法、语义及语用等各方面的功能属性具有典型分析的意义。

名词面广量大，许多研究者的统计数据都表明：名词的数量不但比任何别的词类都多，并且比别的词类加在一块儿还多。③ 若全面铺开，得出的规则势

---

① 可参见陈小荷：《一个面向工程的语义分析体系》，载《语言文字应用》，1998 年第 2 期；林杏光：《词汇语义和计算语言学》，语文出版社 1999 年版；詹卫东：《基于配价的汉语语义词典》，载《语言文字应用》，2000 年第 1 期。
② 可参见王珏：《现代汉语名词研究》，华东师范大学出版社 2001 年版。
③ 关于这方面的详细统计数字，可参见王珏：《现代汉语名词研究》，华东师范大学出版社 2001 年版。

必颗粒度很粗。为了研究的集中和深入，如果能以其中的重要类别指人名词作为一个突破口，单独抽出来加以多方位考察，对其他名词及相关结构的研究肯定会有推动作用。

二、为什么要对指人名词进行再分类和属性描写

（一）构建复杂特征集的需要

计算机处理自然语言能力的高低很大程度上取决于系统配备的语言知识库的质量。语言知识库包括静态的词典、语法规则库和动态的上下文相关信息。动态知识库（上下文信息）因跟语境分析相关，构建难度比较大，静态知识库的建造相对来说较为成熟些（朱学锋、俞士汶，1996）。

在语言信息处理技术发展的早期，系统的能力主要取决于语法规则的数量和质量，词典所包含的语言知识很少。随着技术的发展，词典在自然语言处理系统和整个语法理论中的地位越来越重要。20世纪80年代以来，主流的计算语言学理论基本上都采用了复杂特征集和合一运算的方法。

所谓复杂特征集，就是用若干个特征对同一事物进行的描述。当前机用电子词典多用此法来定义词条。如《现代汉语语法信息词典》对名词的描写包括：它所属的子类、跟各类量词搭配的情况、前面能否受其他名词直接修饰构成定中结构、能否重叠，等等。这些词法、句法等各方面的特征就构成了名词的复杂特征集。

我们对指人名词所做的细致描写，实质上就是对该类名词的复杂特征集所做的进一步的丰富、完善和补充。正如苗传江等（1995）所说："要解决用复杂特征集描写汉语的问题……必须加强对汉语自身特点的研究，这正是我们语言研究工作者的任务。"

（二）计算机进行自动句法分析和理解的需要

以下将证明，在句处理这一阶段，对"名+名"进行句法结构关系的标注十分必要。短语句法结构关系的理解并不是简单地停留在句法平面，而是已深入到语义平面，因此，计算机需要对构成成分的语义甚至语用特征有更多的了解。而现有的机用词典对指人名词的语义、语用特征的描写还不充分，这就影响了计算机的自动句法分析。

比如,"名1+名2"句法功能为NP时,有可能构成同位短语,我们可以给出如下一条规则放在语法规则库中:

如果名1是专有名词,名2是称呼名词,那么"名1+名2"是同位短语。

计算机通过查词典,可以首先知道名1是否属专有名词(当然,专名的识别问题目前还没有完全解决),但什么是称呼名词,目前的机用词典都没有配备这方面的知识。根据我们的研究,虽然称呼主要是指人名词的一种语用特征,但称呼类指人名词的范围还是大致可以确定的,在词典中应增加这部分信息。这样,计算机就可以利用词典的知识及上述规则,推算出像"王萍女士"之类的短语是同位关系。

三、为什么要研究指人名词构成的结构关系

本章第一节已经介绍过,目前计算机对自动划分出来的短语进行句法分析时,一般都只标短语的功能类型而不标短语的结构关系类型。

这是因为,结构关系一般可由结构功能导出。举例来说,当计算机处理"动·名""名·动"词语串时,可通过查电子词典分别获知动词和名词的所有属性值,然后通过运算,初步推算出它们能否合并成一个结构及其功能类别。而功能类别一旦确定,结构关系也随之导出。比如,"动+名"短语,动词性功能与动宾结构关系、名词性功能与定中结构关系、小句性功能与主谓结构关系基本对应。"名+动"短语,名词性功能与定中结构关系、动词性功能与状中结构关系、小句性功能与主谓结构关系基本对应。

但是"名·名"词语串如果能构成短语,却跟它们有很大的不同。对"名+名"短语来说,小句性功能与主谓结构关系基本对应。但是名词性功能却对应着联合、同位和偏正三种结构关系。可见,结构关系的标注对"名+名"来说是必需的。

所以本书把双项指人名词构成的短语结构关系放在比较重要的地位来讨论。

第三节 面向信息处理的"名·名"研究现状简介

从为计算机自动处理语言提供语言学支持的最终目的出发,对各种词语串,

譬如"动·名""形·名""名·名""动·形""动·副"等，进行语言事实的基础研究都是非常必要的。本书将重点考察现代汉语指人名词构成的"名·名"词语串，这里先扼要列举跟"名·名"词语串研究相关的一些重要课题，具体情况将在后文的相关章节中另行交代。（注：在以后的讨论中，本书将把名名连续出现的词语串记作"名·名"，其中，把确定能构成合法组合的名名结构记作"名+名"，把确定不能构成合法组合共现的名名语符列记作"名//名"。）

一、中文信息处理界的研究

（1）北京大学计算语言学研究所，对"名+名"构成的各类句法结构关系的研究。（王惠，1998）

（2）清华大学、中国人民大学和北京语言文化大学（现北京语言大学）三个单位联合，描写以名词为中心的槽关系（语义关系），重在槽类型、槽序（即定语的语义类型和语序）。（陈群秀，2000）

（3）电子工业部的吴蔚天（1999），统计了3000余个名词（包括若干数词、序词、量词、数量词、代词），研究"名+名"构成定中结构时的句法位置。同时，建立关系语义场来描写定中之间的语义关系。

（4）刘长征（1998）的基于词性标注语料库的名词序列捆绑研究。赵军、黄昌宁（1999）的有关汉语基本名词短语识别的模型研究。

二、汉语语法学界的研究

（1）名词的分类研究。

（2）名词的构词形态同名词的功能语义关系的研究。

（3）名词的配价研究。

（4）名词、代词的指称和话语分析研究。

（5）静态的"名+名"短语结构研究。

（6）动态的理解研究。涉及"名·名"词语串在句子中的层次划分和论元地位。

（7）认知策略研究。解释人脑在处理"名+（的）+名"结构时的一些认知心理因素。

动词研究一般可带动句型分析和句子理解，所以，动词及相关结构研究起步较早、成果也较多。而在以动词为核心构成的句子中,名词及其构成的名词性结构在句子中一般做主宾语、语义上是动元、语用上是被陈述的指称对象,对句子的理解和生成也相当重要,可迄今为止,研究成果一直不如动词研究那么丰富。原因之一正如陆俭明先生所分析的那样"名词研究很重要,但也很难"(储泽祥,2000)。

总之,不论是信息处理界还是汉语语法学界,"名·名"研究都是一个薄弱点和难点。但从计算机处理汉语的实际需要出发,这方面的研究亟须加强。本书尝试就此做进一步努力。

第四节 研究定位

首先补充交代两个术语。一是"计算语言学"。根据冯志伟(1996),计算语言学可看成是自然语言处理的同义词。当我们主要涉及方法的时候,用自然语言处理这个术语;当我们主要涉及理论的时候,用计算语言学这个术语。二是"传统语言学"。计算语言学界常把不是为计算机处理自然语言用的语言学研究称为传统语言学、理论语言学、传统的理论语言学等,以跟计算语言学相对而使用,本书借用此说法,在该意义上使用传统语言学这一术语。

本书是面向自然语言处理的汉语语法基础研究。这一性质定位意味着跟计算语言学与传统语言学相比,本研究都有一些不同。简言之,主要有两点:

第一,基于语言学规则而非概率统计规则

概率统计是计算语言学最基本的理论和方法。它需要运用较多的数学公式,构建一定的概率模型,对大规模真实文本构建的语料库进行计算机统计,以得到不同的统计数据,来显示语言成分间的组合可能性。这种方法的优点是:有关自然语言的知识都是来自于真实文本,客观性强,而且知识颗粒度小,鲁棒性(robustness)强,等等。[①] 可以说,概率统计法在中文信息处理中已经获得

---

① 鲁棒性(robustness)从狭义上理解,指系统从失败中恢复的能力。一个自然语言系统在遇到非常规输入时,如不合法的句子或未见过的词,能够调用其他知识或备用机制来作出适当反应,包括给出部分分析结果。广义是指系统的自适应能力,把应用领域的覆盖面这个因素也包括进来了。可参见黄昌宁:《关于处理大规模真实文本的谈话》,载《语言文字应用》,1993年第2期。

了最大程度的运用。比如，可以用这种方法来处理语音识别、词的切分与标注，甚至用于句法分析。但由于语言现象的复杂性，面对着大量概率以外的现象，概率统计的方法就显得力不从心了。正如许嘉璐先生（2000）分析的"许多专家已经感觉到，统计概率的路已经走到尽头，必须另辟蹊径，这'蹊径'就是语义，以词义为基础，与句法规则结合，以句为突破的单位"。（着重号为引者加）这段论述意味着，单纯建立在语料统计（主要是词）基础上的概率法已不能满足信息处理的需要，对句法规则的需求已被提上了重要日程。

就语言学规则方法而言，要做的工作主要包括：从自然语言中抽取可被形式化的语言知识；以一定的形式化方法表述这些语言知识；将这些语言知识算法化后编制成程序输入计算机。一般情况下，上述工作需要由语言学和计算机科学研究人员分工完成。后两项工作，即先构建一定的形式模型来表述语言知识、再将语言知识算法化编制成程序，主要是计算机科学工作者的任务。语言学工作者可以做的是第一项工作，即从纷繁复杂的语言现象中抽取可被形式化的语言知识（詹卫东，2000b）。

第二，是操作性规则而非描述性规则

本书将着重使用语言学规则而非概率统计规则的方法。在编写规则时，将尽可能考虑到这些规则能够被计算机人员用于下一步的形式化、算法化，从而最终能够为计算机所用。这就要求我们所提供的语言规则必须是操作性的而非单纯描述性的。侯敏（1999）认为"操作性可以看成是计算语言学区别于传统语言学的本质特征之一"。

一切计算机工作的最基本方式都可以归结为一个公式："条件→动作"偶对。因此，要使自然语言的语法规则成为可供计算机执行的形式，就必须指出各种语法现象出现的条件，一条可操作的语言规则实际上就是一个可执行的机械性程序（冯志伟，1992）。比如，如果给计算机输入一个句子，对计算机而言，它面对的只不过是一串串字符。人还要想办法把这个句子中所有的信息（包括词法、句法、语义等）以计算机可以识别的形式化规则告诉它，这样计算机才可以一步步操作，最后输出正确的句法、语义乃至语用分析结果，也就是"理解"了这个句子。操作性规则就是教给计算机怎么样从一个现成的句子变出它的句法结构乃至得出它的意义的，第一步做什么，第二步做什么，最后的结果是什么。（侯敏，1999）

描述性规则在于描写语言是怎样构成的，里面有哪些词、句子，它们怎么搭配，怎么变化，等等。至于这些规则能否被计算机识别并有效地利用，它一般是不考虑的。传统语言学研究一般不是直接面向信息处理的，虽然提供了不少规则，有些也带有一定的可操作性并已在汉语的自然语言处理中得到了运用，但研究者本人往往并不是有意识地去体现"条件→动作"这一原则的，更多的研究常常被计算语言学界批评为"为描述而描述"，规则无法形式化、程序化，实用价值不大。

比如，"对 + NP_1 + 的 + NP_2"是个歧义结构，可分析成：[[对 + NP_1] pp + 的] np + NP_2] np 和 [对 + [[NP_1 + 的] np + NP_2] np] pp。

传统语言学提供的可用于排歧的描述性规则如：

规则一：如果整个结构处于主语、宾语位置，那么是名词性偏正短语 NP，为第一种；

规则二：如果整个结构处于状语位置，那么是副词性介词短语 PP，为第二种。

人工标注时，可以利用句法功能信息来确定不同短语的边界及其相应的标记。可对计算机而言，这两条规则并不具有实用价值。因为在没有进行任何操作前，计算机无从知道这个结构是做主宾语还是状语。一个结构作何种成分，这并不是已知的概念，而是需要求出的概念，是计算机一步步分析出的结果，而不是分析的条件，"不十分清楚或不严格区分适用于信息处理的句法规则表述的初始概念与导出概念是研究成果缺乏可操作性的一个重要原因"（任海波，2000）。

计算机需要更为细致的可操作性规则，仅第一种情况，即该结构为名词性偏正短语 NP，我们就需要给计算机提供至少如下五条规则[①]：

规则一：如果 NP_2 表动作行为，而 NP_1 在意念上是它的受事。

　　他试图只用自己的想象去捕捉那**对旋律的回忆**。

规则二：如果该结构前是"的"或数量词组、指示代词或作用与此相当的

[①] 可参见侯敏：《"P + NP_1 + 的 + NP_2"结构的分化处理》，载《语言文字应用》，1998年第1期。

词语。

老同学的心里充溢着那么多的**对他的同情**。

规则三：如果该结构前是介词。

这一切，使他渐渐地把**对凌雪的依恋**暂时放在一边。

规则四：如果该结构前有动词，本身处于句末。

他严厉地制止了栗历厉**对朱慎独的抨击**。

规则五：如果该结构后为形容词（心理状态除外）或判断动词等非动作动词作谓语。

他**对领导的批评**十分尖锐。

我们首先要在语法规则库中储备上述五条规则，这样，当计算机碰到该语言现象时，就可以随时调用规则，一步一步地运行程序。当计算机能够确认结构满足了上述任何一个条件以后，就可以采取一个动作，即判断该结构是名词性偏正短语 NP，为第一种情况。

第五节　研究思路

本书的最终目的是利用我们提供的规则，计算机在真实文本中碰到由指人名词构成的"名·名"词语串时，能够做到：

第一，识别出"名+名"短语的边界。具体说，就是确定"名·名"词语串在语流中，什么时候可以构成合法组合即"名+名"，什么时候不能组合即"名//名"。

第二，对"名+名"短语进行结构类型的标注。具体说，就是在合法组合"名+名"可能构成的各类句法功能类型和结构关系类型中进行排歧。

围绕上述目的，我们将尽可能详尽地给出可组合及不可组合时的内部构成条件与外部约束条件。具体思路是：力求在确定指人名词自身范畴属性值基础上，发现指人名词组合时的内部制约条件，并结合语符串的上下文环境来判断指人名词构成的双名语符串的组构可能。论证分三方面渐次展开：

(一) 确定指人名词的属性

第三章强调语料库加工过程中应对名词进行多层级分类标注，并对提前分类标注的可行性、必要性等问题进行论证。

第四章对指人名词的属性进行专门研究。我们已经知道，到了自动句法分析这一步，电子词典中为每个词项所附加的信息同语法规则相结合，可实现由词项驱动规则，计算机通过运算，可获取词语之间能否组合、组合后的短语结构关系、短语句法功能等句法分析结果。所以，词典所能提供的有关该词项的各类信息对计算机来说是非常重要的知识源。给指人名词再分出小类并详尽描写各小类多方面的属性，就是给电子词典中的指人名词提供更多语言学信息的一个努力。

简言之，分类法是把具有相同属性的词语归为一类，属性描写法是对每个词语的属性一一作出描写。理论上讲，这两种方法对认识词语是等价的，但各有优缺点：分类法便于认识共性，但事实上没有两个词语的性质完全相同，一词一类又不够经济；属性描写法可以认清每个词语的个性，但对词语之间的联系又缺乏概括。因此，我们对指人名词采用了分类基础上的属性描写法。

对指人名词从句法或语义单一角度进行次范畴分类的成果已比较多。在以往研究的基础上，笔者提出框架测试法，从句法—语义结合的角度对指人名词进行分类，事实证明，这样的分类将更有利于描写指人名词之间的组构。此外，针对有些指人名词个性非常强的特点，我们对其属性单独做了描写。

(二) 发现词项组合时的相互制约条件

具体地说，就是从内部考虑任意两个指人名词共现时组合的可能性，即能否组合，组合后发生什么样的结构关系。我们的最终目标当然是希望能够给出各类结构的组构条件，但考虑到联合结构是无核心结构、主谓结构是弱势结构、偏正结构的研究相对而言较为充分，同时限于篇幅，本书只选择同位结构作为重点分析的示例。

第五章"指人名词同位组构的内部限制"从内部考察两个指人名词共现时同位组构的可能性,即能否组合,组合所需的内部条件。具体讨论了:a. 短语的语法地位问题,这关系到在短语标记集中要不要设立同位这一短语。有主张归并的、独立的。我们主张要单独标注,并进行了论证。b. 同位短语的内部构成形式如何,我们给出了一个详细的同位短语连续统。

本书还注意到规则的可操作性问题。侯敏在《计算语言学与汉语自动分析》中以"名+名"结构关系的识别为例来说明什么是可操作性规则,论证得非常充分,转引如下:

> 如 N + N 在汉语中可以构成偏正关系、并列关系、主谓关系这一条语法规则,对人,这样讲就可以了,顶多再举些例子说明:学校图书馆、工人农民、鲁迅先生、今天星期六都是名词接名词,它们分别构成定中结构、并列结构、复指结构、主谓结构。我们的语法书上就是这样讲的。可面对计算机,这条规则显然就不行了。它形式化和具体化的程度都不够,N + N 在什么条件下是定中关系,什么条件下是并列关系,什么条件下是复指关系和主谓关系,都必须明确具体地指出来,而且这个条件又一定要有排他性,如根据"昨天星期六、今天中秋节"说"时间名词+时间名词"是主谓关系,那么"昨天下午、今年中秋节"呢?显然不是。要把这种规则明确、具体、无误而且完整地做出来,很难,但必须要做。……上面的"N + N",我们可以给出一条公式:专有名词+称呼名词=复指关系。在词典中给出相应的信息后,这就是一条可操作的规则了。

最后,需要重申的是这部分的研究以正确的词语加工——自动分词和词性标注——为前提。事实上,如第一章第三节所言,目前词切分和词性标注软件的正确率封闭测试最高也就是 90% 多一些,可以想见,随着语料量的增加,这个数字还会下降。因此,在对大规模真实文本进行短语加工的同时,还不可避免地会被词处理阶段遗留下来的那将近 10% 的分词和词性标注问题所困扰。很显然,词处理阶段遗留的上述难题势必会影响到下一步的句处理,但在本书的讨论中,这些问题暂时都没有涉及。

（三）提供语符串能否组构的上下文环境

第六章"指人名词组构的外部限制"从外部考察两个指人名词共现时同位组构的可能性，即能否组合，组合所需的外部条件。

根据马真、陆俭明（1996），语法形式是指通过层次分析（即直接组成成分分析，亦称 IC 分析）所切分得到的大大小小的语言片断。非语法形式是指从层次分析的角度看彼此不构成直接组成成分关系的词语串。这又可分为两种情况：一种是在任何情况下都不可能构成直接组成成分关系的词语串，即无条件的；另一种是在有的组合里不能构成直接组成成分关系的词语串，即有条件的。

如果说，前一章主要是从内部考察"名 + 名"结构的构成条件及无条件的"名//名"；那么，这一章主要是从外部考察"名 + 名"结构及有条件"名//名"的出现条件。若引入静态、动态这对范畴，更确切的说法是，上一章讨论静态语法形式、静态非语法形式，本章讨论动态语法形式、动态非语法形式。

例如，"小张·他们"这一语符串，从内部看，是静态语法形式。从外部看，则有两种可能：在"我讨厌小张他们"这一实例中，是动态语法形式，即"小张 + 他们"，结构关系为同位；而在"我告诉小张他们的来意"中，机器经过正确的句法加工后的形式如下：

[zw 我 [db [db 告诉 **小张**] vp [dz [zc **他们** 的] np 来意] np] vp] jp。

从这一加工结果可以看出，"小张"是动词"告诉"的近宾语，"他们"是"告诉"远宾语中的定语。"小张·他们"中间跨越了两个句法层次，是动态非语法形式，即"小张//他们"。

这一章考察了大量真实语料，从中提炼出对短语的正确划分及标注有用的较为详细的上下文规则。

第七章以实例说明本书的思想是如何在一个计算机自动分析模型中一步步实现的，并对由计算机处理汉语引发的若干语言学问题进行深入探讨。

第三章

关于名词多层级分类标注的构想

在参加上海师范大学"当代汉语语料库(一期)"语料深加工工作的过程中,我们迫切地感到,在词语加工阶段,仅仅给词项赋予词类属性还是不够的,如果能够使之带上更丰富的信息,必将为下一步的句法、语义乃至语用加工提供帮助。为此,我们提出对名词进行多层级分类标注(Multiple-level Classifying Tagging,以下简称 MCT)的初步设想。以下先介绍设想的理论依据和当前的工作进展,并对这一方法进行反思,然后展望下一步的工作计划。

第一节 理论架构

一、背景和依据

如第一章第三节所述,现代汉语语料库加工的主要流程有三个环节,即词语加工、句法加工和语义语用加工。目前词语加工阶段(分词和词性标注)虽然还遗留着歧义字段、未登录词、多类词排歧等疑难问题没有解决,但已基本能满足实用的需要。随着信息处理的深入,语义加工的任务已被提上日程,与此相关的汉语语义知识库正处于初期建设阶段。

落实到具体词类上,现有研究大多以实词为对象讨论语义范畴的性质,虚词语义知识库尚未涉足(詹卫东,2004)。实词中,又以动词初具规模,名词研究相当薄弱。众所周知,在现代汉语各词类中,名词占有举足轻重的地位。神经语言学的研究也表明，名词是大脑词库中最稳固和独立的词类。① 如本书第二章第二节所述，许多研究者的统计数据都表明：名词的数量不但比任何别的词类都多，并且比别的词类加在一块儿还多。最新的词类频度统计也表明，在词类使用频度上，名词远远超过动词，居于首位（俞士汶、段慧明、朱学锋，2001）。

这意味着，面对着经过正确词语加工——词语切分和词性标注的汉语语料，我们大多数时间是在跟名词打交道，名词深加工是下一步需要解决的重要问题。可长期以来，名词研究的广度和深度，一直无法跟动词相比。因此，我们的语料库加工工作，打算选择这个薄弱点作为突破方向，做一些初步的尝试。在此之前，先了解一下现有的相关研究成果。迄今为止，与名词范畴设置相关的、直接服务于汉语自然语言处理的语言知识库建设，在局部已经取得一定的成绩：

（1）句法分类：基于结构主义的语法分类为说明名词的句法功能，主要采用了句法分布的标准。朱德熙在《语法讲义》中，根据名词与量词的关系分出可数名词、不可数名词、集合名词、抽象名词、专有名词五类。北京大学俞士汶等的《现代汉语语法信息词典》，在此基础上进一步细化，根据名词与不同量词的搭配关系，将名词划分为个体、物质、集合、专有等八个子类（王惠、朱学锋，2000）。台湾"中央研究院"黄居仁小组，也是以量词为标准，利用语料库中直接抽取的名—量词搭配实例及统计数据，在深度小于4的子树中获取5075种名词子类（黄昌宁、李涓子，2002）。

（2）语义聚合分类：运用语义场理论，依据概念之间的同义（近义）、反义、上下义关系，建立名词层级系统，是十分普遍的做法。现有的代表性义类词典或语义体系有："九○五"工程分出事物、时空、属性和运动四大类，采用义素分析法处理跟名词有关的事物、时空等语义类别（陈小荷，1998）。北大计算所的中文概念词典CCD，抽取WordNet中名词初始义类概念的上下位关系信息，形成15个上下位关系树（刘扬、于江生、俞士汶，2003）。其开发的另一部基于配价的汉语语义词典VCSD，"事物"类的语义深度达到六层（詹卫东，2000a）。

（3）语义组合属性的发现：一是利用格语法、配价语法、语义网络、蒙塔

---

① 杨亦鸣：《语言的神经机制与语言理论研究》，学林出版社2003年版。

古语法等多种策略,探索性地发现名词的普遍属性。如,973项目设立性别、年龄、职业、身份、关系、高度、宽度、浓度、形体、场面等语义特征说明名词关联的选择限制(林杏光,1999)。知网Hownet建立网状关系语义系统,把名词放在N范畴内描述(董振东、董强,2001a)。陆汝占基于内涵模型论的语义分析,选取若干单音节名词做类义抽象,借此解释与名词有关的组配(宋春阳,2003)。二是针对相关结构,发现名词的特定属性。如,电子工业部吴蔚天(1999),提出关系语义场理论。他认为词语之间能够组合在于具有相同的关系义素,各自属于一定的分关系语义场,不同的分关系语义场可组合成关系语义场。他根据名名两两组合构成的160个关系语义场,对3000多个名词作了分类。这种分类能同时提供名词所具有的句法语义信息。

总体来看,现在面临的问题主要是:一是如何有机地整合句法分类和语义聚合分类这"两张皮"下的分类结果:无限细化的句法次类要避免流于形式,取决于能否获得合理的深层的语义解释;意义分类要避免成为百科信息类,分类结果必得有形式上的验证。二是如何把现有研究涉及的、零散的语义组合属性尽可能地系统化。

二、原则和步骤

我们认为,信息处理有意识地区分词法、句法、语义或语用等不同层面来加工语言知识,无非是为了工程实践的便利和技术上的易于实现。但实际上语言作为一个系统,其构成层面的联系是相当紧密的,真正操作起来,时时会感到"牵一发而动全身",即使是初级层面(如词语加工)的分析也需要配备对其他层面知识的深入了解,这就是人们通常所说的"需求循环"(陈小荷,1998)。

如果说,词法和句法等形式知识,凸显的是高度抽象的语法意义;那么,语义和语用知识,则更多要倚重逻辑真值与现实语境获取意义。可见,所谓的词法、句法和语义、语用知识的区别,差别仅在于从抽象到具体概括程度的不同而已。因此,我们比较赞成"只要有办法组织起一套明确的范畴体系,可以尽可能广泛而准确地描述语言成分的搭配知识,就是好的选择。至于所选的范畴是句法的,还是语义的,语用的,或者干脆就是杂糅的,都可以有意无意地淡化"(詹卫东,2000c)。因此,当我们需要在大类基础上,对名词做进一步的深加工时，比较倾向采用句法语义一体化的处理策略，给名词标注上句法语义特征，以同时兼顾形式和意义两个方面。此外，之所以遵循这一原则，还考虑了信息处理的现实。

从本章第一节的介绍可知，虽然汉语名词现有的语义分类体系林林总总，也有不少。但大都是更为符合自然、社会和思维规律自成一体的世界知识分类体系，强调纵向的"深度分类"，忽略横向的"广度分类"。关心的是诸如"教师"和"老师"在语义分类树上处于哪一个结点，在语义（子）场中的层级和距离之类问题；而并不注意它们在搭配用法上的差别。当然，在这方面，动词的情况要好一些，像正在开发的信息处理用汉语配价词典，就是动词描写得较为完备，名词知识明显不足（詹卫东，2000a）。主要原因，就在于名词语义分类与动词语义分类脱节，不能满足计算机形式分析的需要。另外，近年来国外一些有代表性的语义知识库，越来越重视以"语义关系"作为重点描写内容。随着汉语语义知识库建设的深入，国内也有更多的学者呼吁，加强对汉语词语间各种组合语义的发现（詹卫东，2004）。从这层意义上看，我们主张在汉语语料库加工中，先给名词标上关系义素特征，以便说明词语之间"邻接对"和"非邻接对"等的搭配关系，应该说也是恰好顺应这一时代要求的。

至于名词组合关系特征的具体实现方式，我们有两个选择：一是用分类的方法。即选择有限的特征立类，采用分类、分次类、分次次类这样的方式，把这些类不断地细分下去。就每一个名词而言，带上的是"单一标记"。二是用属性标注的方法。即通过属性特征描述，建立复杂特征集。就每一个名词而言，带上的是"复杂特征标记"。考虑到当前尚缺乏《现代汉语语法信息词典》之类的词典作为底层支撑，全面发现并落实词语的复杂特征属性将是一项十分浩大的语言工程。而本书目的是希望，通过标注最主要的属性，来覆盖实际语料中大多数分布的情况，从而优先发现一批信息处理用规则，同时也便于语言学本体研究的展开。因此我们倾向于用第一种方法把语料中的词类标注得再细一点（任海波、范开泰，2000），从大类到小类逐级细分的思路正是基于这样的认识而产生的。

在上述原则思想的指导之下，我们设计了具体的实现步骤：

（1）确定对大多数组合具有普遍解释力的语义特征。通过比较现有各类信息处理用语法信息词典、义类词典，以及传统的语文词典和百科知识词典，提取其"最大公约数",作为名词的组合特征。有些特征在词典中并未获得广泛认可,但凭借研究者个人语感及语料库调查显示对组构有非常重要影响的,也酌情增补。

(2) 建立语义特征的层级体系。在笔者看来,从词类到语义聚合类,是抽象度渐减、由形式到意义逐渐逼近的过程,而语义组合类是居中衔接的桥梁。在分类深度上不宜太深,一般有两到三个层级就比较合适;在分类广度上也最好能在句法类的简洁与语义聚合类的精细之间取得平衡。按在组构中的重要性,把属性特征分出层级,每个层级标注细度应该不同。

(3) 确立语义特征的形式识别标准。把带有某一特征的典型成员(prototype member)——其资格认定充分吸收现有研究成果——放到大规模语料库中,观察其在上下文语境中的分布情况,主要寻找邻接性(adjacent)条件,提取出有用的句法框架作为判定规则。事实上,同一组合特征往往会有多种句法表现;不同组合特征也可能会有相同的句法表现。因此,为每一个组合特征制订形式标准时,还需参照概率统计数据,确定规则使用的优先顺序,以尽可能使分类线索明确,便于操作。

(4) 依据形式标准对名词进行归类。操作时,由《现代汉语词典》释义出发,看义项不同是否造成用法或功能分布(如对测试框架的适应情况)的差别。综合运用:a. 内省法:根据说汉语的本族人语感来识别。b. 类推法:选取意义、功能、用法等都典型的词项为样本,把有待明确身份的词项与之进行类比推演,各方面都接近的,可考虑是同类,否则为另一类。c. 概率统计法:如果上述方法仍然不能解决问题,就通过统计词语在语料库中用法的概率,决定词语的次(次)类归属。此外,还参考了现有词典的一些做法。

上述四个步骤其实是做了两个方面的工作:一是分类(第一至三步),即设立名词的范畴属性。二是归类(第四步),即为每个名词赋予具体的属性值。

第二节 名词多层级加工实践

一、名词三级加工模式

限于人力、物力和时间,我们当前只选择了《同义词词林》《现代汉语语法信息词典》（2003 年电子版）和知网 Hownet，从中筛选出名词共有的、最主要的组合属性。主要原因是，《同义词词林》是一部不可或缺的传统义类词典；后两部机用词典则是目前信息处理界使用广泛、较为成熟的语法、语义词典，或已公开发行、或属免费在线资源，信息的查询、下载或获取相对比较容易。在比较了这些词典后，我们初步确定名词共有的组合属性，并把它们大致分成三级。

第一级包括个体、物质、集合、抽象、非量、事件、指人七个特征。根据优选语义学，虚词作为标记特征构成的特殊规则要优先于一般规则。本书主要借鉴《现代汉语语法信息词典》，以量词作为最重要的分类标准，并辅之以方位词、介词等。

第二级主要吸收现有语法研究成果，通过设置测试框架，把有配价特征的依附性关系名词分出来，包括一价名词、二价名词等。

第三级因小类内部句法语义差异而定。比如，在个体非关系名词中设置场所名词、称呼名词、专有名词等。

二、名词归类实践

本书以国家语委、北京大学计算语言学研究所、山西大学计算机应用研究所编制的三份比较有权威性、代表性的词表为蓝本，使用的检索工具是山西大学开发的"中文语料研究软件系统（1.0 版本）"，与之配套的语料库已经过分词、词性标注和人工校对，可信度比较高。碰到数据稀疏时，再利用其他语料库，直至用 Google 进行网上在线检索，平均搜索语料总字数达 2000 万字左右。这样，得到按义项和功能分布设立的约 4 万个名词项。

目前，我们初步提出的名词多级分类标准和词表，已交由山西大学计算机应用研究所算法化后编制成程序输入计算机，正等待实际结果的反馈，以做后续的修订完善。

三、多功能名词的处理策略

汉语词语在大类层面上的兼类，一直是困扰语言学界的老大难问题。如第一章第三节所述，信息处理界除了传统语言学讨论的多义词的不同义项有不同用法。在处理书面文本时，还把并非同一语言成分的多词性现象统称为兼类，还包括同形同音与同形异音。

小类的不断细分是在不同层级上引入了意义因素，必将带来更多的兼类，而且将造成交叉兼类，即有的是兼大类，有的是兼小类，有的是兼而有之。因此，有人主张为了提高自动分析效率，在标注时，不要把小类分得太细。① 本书认为，这只是暂时避开了问题，而不能最终解决问题。关于小类细分的重要性，及其对解决大类兼类的作用与局限，下文第三节将展开详述。这里重点介绍本书在处理名词小类兼类时的一些做法。

兼类从理论上讲，是指词语经常地、稳定地具备多种用法。实际操作起来，如何准确地把握经常性、稳定性这一标准，是问题的关键。信息处理界的概率统计法，无疑为基于主观语感的内省法、类推法，提供了直观的、量化的、可操作的客观衡量或参照标准。如果两种（或多种）用法统计数字悬殊时，就归入到统计上占优势的一类中去。只有两种（或多种）用法统计数字较为接近时，才处理成兼类。但问题的难点在于，数字间从相互接近到差别很大，是一个渐变的过程，一些临界状态有时颇难把握。为此，我们设想，下一步是否可以先把词语用法按频率分出级别，即高频、次高频、中频、次低频、低频等，各频率均给出量化指标。然后，区分高频与低频间的不同等级，分别都予以适当标注，以备计算机优选。对于因受语料限制，难免会发生的某一种用法统计数字为零的情况，再结合语感进行修正。

概率统计法的实质，是以最大可能作为唯一可能。本书认为，为了提高计算机分析的自动效率，在处理小类层面兼类时，仍然需要使用这种方法，这样就可以坚持兼类尽可能少这一总原则，这一点跟处理大类兼类的原则是一样的。按照这一策略，我们运用山西大学开发的软件，解决了大部分问题。例如，把"月老""红娘"处理成个体名词，而把"西施""诸葛亮""包公"算作专有名词。另一方面，从长远角度考虑，为了最终提高计算机分析的精确性，对小类在统计学意义上不同等级的非高频用法，下一步其实也需予以适当关注。这样，概率统计与规则的方法就可以配合起来，互校互证，对深入解决兼类问题也许会更好一些。

---

① 这是上海交通大学陆汝占教授的意见，参见靳光瑾、郭曙纶、肖航、章云帆：《语料库加工中的规范问题》，载《语言文字应用》，2003年第4期。

第三节　对 MCT 法的理论反思

一、作用与价值

自然语言理解，归根结底是意义的理解，语义分析在整个环节中占有核心地位。可当前的语义分类尚不足以给词法、句法分析提供足够强有力的保障。因此，为了避免对意义的过分依赖，以形式分析为基点的主流加工模式，大多依靠统计和低层面的语言知识。可即使这样，在词语加工层面，一些极其重要的语义信息，也已显示出不容忽视的倾向。比如，北京大学给《人民日报》语料做分词和词性标注时，除了标出名词这一语法属性外，还对指人名词这一极其重要的语义小类同时做了标注。可以说，MCT 法正是顺应这一需求，在传统的词性标注与句法标注间，增加了小类标注这一环节。而带有小类信息的语料库，概言之有以下作用：

首先，可以为汉语的本体研究提供直接帮助。

当前，语言学本体研究进行的范畴与次范畴研究日渐深入，获取一定数量的、经过加工的熟语料已成为研究者的迫切需求。① 限于目前的实际情况，我们没有必要也没有可能等语言学研究成果相当成熟以后，再来开始语料库建设。我们完全可以采用边研究本体边加工语料的思路，以语义粗加工语料满足研究的实用需要，再以研究成果修正现有的标注规范集，实现两者的良性互动。从这个意义上看，语料库加工不可能是一蹴而就的事情，而是带有很强的实验性。

具体到现阶段的名词加工，本书所设计的不同层级小类标记集，为减少标记的长度，在技术实现上，并不在一个平面上同时展开。不同的研究者可根据不同的需要，有选择地点击进入，从而获取名词所负载的不同级别的语义次类信息，掌握语料库中不同深度和细度的熟语料，灵活地开展相关研究。

其次，可以为中文信息处理研究提供基础资源，将会对以下三个方面产生

---

① 在上海师范大学语料库建设过程中，相当数量的语言学者要求提供已标注上语义范畴的语料供研究之用。对此，我们总是半开玩笑地要求对方先提供加工规范。可见，解决语料库加工与语言学研究之间的"需求循环"，也是一个很现实的问题。

有利影响。

（1）信息处理用名词标记集的制订

《信息处理用现代汉语词类标记集规范》的研制者指出，名词"由于数量多，小类也显得很庞杂。如何标记名词小类是一个颇费脑筋的问题"。比如，对专有名词的范围，大家的看法就不完全一致。常见的小类有人名、地名、机构名、品牌名、事件名、菜名等。根据专家意见，"斯拉夫民族"等不少族名并不能当地名用，于是又增补了族名这一小类。① 可见，名词小类标记之所以成为让人头痛的问题，正在于其内部各类间的细致差别没有搞清楚。因此，尽可能地发现名词内部可能有的类别，并在语料库多层次加工中给予细致标记，有助于词语大类、小类等标记的确定。

（2）揭示词项在不同层面的兼类规律

信息处理讨论的兼类，其实是一种广义的同形异义异构现象。小类的细分有助于加深对不同层面兼类的理解。

一是大类兼类。词性差别已初步反映了大的语法范畴意义的不同，再结合小类标记，就便于发现大类兼类背后更深层的语义原因。譬如，动词、名词兼类是汉语各种兼类中比重最高的，如果语料库中，两大范畴内部都标上细致、准确的小类，就能统计出制约动名兼类的语义优先因素。进而言之，对特殊语义造成的动名两用现象，就有可能立足于整个系统做出更为妥帖的处理。比如，"长跑、冬泳、合唱、摔跤"等兼有名词性用法的动词数量很大，是算作兼类、名动词、动名词，还是动词中的一个特类，看法不一。据统计，这类词的动名用法概率比较接近，宜处理为兼类。不过，跟一般兼类不同的是，当它们为名词用法时，语义上并不转指跟动作行为有关的事物，而是自指动作行为本身，属特殊的、可受动量词修饰的事件名词小类。

二是小类兼类。从小类到小小类，由分布确定的类别与语义的联系越来越紧。因此，类分得越细，跟义项的关系就越直接，兼类现象也就越多。如，"大爷"在我们现有的名词多级分类系统中，第一小类级别上是指人名词，并不兼类；而在第二、三小类级别上兼属关系名词、称呼名词等。

三是既兼大类，也兼小类。像"调查、报告"等词，在大的类别上，既表

---

① 这是北京大学陆俭明和南开大学马庆株教授的意见，参见靳光瑾、郭曙纶、肖航、章云帆：《语料库加工中的规范问题》，载《语言文字应用》，2003年第4期。

动作，也表事物，属动名兼类。在名词内部，既可受名量词修饰，属个体名词；又可受动量词修饰，属事件名词。

总之，兼类具有相对性。从大类到小类类别的增加及交叉兼类，反映了类别分化跟意义细密化之间存在必然的有机联系。

(3) 词语义项的自动标注和排歧

词义标注，是要给文本中的每个词语标上具体的义项。汉语常用词普遍存在着一词多义现象，要从其众多义项中筛选出正确的、符合上下文的词义解释，并不是一件容易的事情。根据现代语义学，义项是由义素构成的，义素也就是区别性语义特征。而我们所标注的小类，实际上就是词的句法语义特征。因此，在多义词排歧时，如果能有事先标注好的语义特征标记作为参照提示，必将加快义项自动识别的过程。例如，"同学"在以下三例中若分别标上"动作""指人（关系）""指人（称呼）"这些特征，其各自所属的三个义项也就很容易确定了，比如：

我们**同学**过三年。

这是我的老**同学**。

同学，请问到故宫怎么走？

(4) 信息处理用组合规则的提取

词语再分类可以说明词项组合的相互制约条件，从句法加工的实际需要来看，"动+名""形+名""名+名"等任意两个成分的结构规则都值得深入描写。我们可以利用经句法标注过的语料库，抽取指人名词构成的双名词语串，得到双名组构模块。这样，在没有词典支撑的前提下，借助小类细分先以简驭繁地提取出一批组合规则，以区别不同句法关系，供结构内部排歧使用。比如，"名1+名2"要构成同位短语，就需满足"指人专有名词+指人称呼名词"等语义限制。

二、缺点与局限

名词分类的理想境界，应该是以完备的类别、恰到好处的概括度，描写出词项间所有可能的细碎区别。显然，这需要以名词属性特征的充分发掘为前提。

迄今为止，动词属性特征的发掘相对来说已比较深入，这就使精细的分类成为可能。而汉语名词的研究还远远不够，以至于这一理想目前尚无法实现。

在这种背景下我们所采取的细类标注法，就是一个折中的办法。其实质是突出对组构有重大影响的句法语义属性，对此做纵深挖掘，并在语料库中优先进行标注。

王惠（2003）指出，名词义项单位的划分与确立，是靠名词的组合分布决定的。每一个不同的义项，在形式上都会表现出句法分布环境的互补差异。很容易由此推测，真正精细的类别，是与义项息息相关的。可以想象，兼顾句法分布和语义差别的类，如果无穷尽地细分下去，最后的结果就是，每一个义项就代表了一个类。与这个终极目标相比，我们当前所谓的细类标注，显然远远顾及不到这么细微的句法语义差别。从为计算机全面配备词项功能信息这一总体目标来看，组合属性类的标注也仅是其中的一个有机部分。因此，类别细分本身并不是自足的，除此之外，还要辅之以复杂属性特征描述、义项标注等多种手段。

另外，我们目前所设立的这批名词分级属性特征，融句法语义于一身，对大多数组合按理应有较强的解释力。但在属性特征的发现过程中，难免会出现遗漏和偏差，还需要做进一步的调整。退一步，即使能够确保这些特征的确是对组构有普遍影响的优先重要因素，在面对真实文本中的非优势组合时——此时有可能是，被忽略的非重要特征可能上升为首要制约因素，标注好的优势特征对这一特定组合反而不起作用——因此，更广泛组合特征的发现，调用系统存贮的语义聚合分类知识，以有效地参与到语句的生成和理解中来，仍然是必不可少的。

第四节 小 结

本章初步提出，在语料库加工过程中，对名词做多层级分类标注（MCT）处理的设想。笔者主要利用现有的较为成熟的信息处理用语法和语义词典，从中筛选出一系列重要的跟名词相关的句法语义特征，并通过系统的形式手段来界定这些语义范畴。在此基础上，对大量名词做了组合特征的尝试性标注实践。

"特征即关系",事实已经证明,名词组合属性的细致标注,对揭示双名直接组合模式与搭配规则已经起到较好的作用。我们有理由相信,它们对潜在地说明远距离非线性共现序列也将起到应有的作用。我们下一步的工作计划是,根据语料库实际反馈结果,对现已设置的特征范畴做进一步的优化,对名词词项的分立再做调整,以更好更直接地为自然语言处理服务。

第四章

指人名词的分类研究

第一节 已有的分类研究

一、关于名词

名词再分类是深化名词研究的重要途径，因此一直受到学者的重视。

（一）汉语语法学界

早期给名词分类的目的并不明确，自马建忠在《马氏文通》中按意义分类后，基于传统语法的名词分类主要沿用此法，有分两类的、三类的、四类的。基于结构语法的名词分类为了说明名词的句法功能，主要采用了句法分布的标准，如朱德熙《语法讲义》中根据名词与量词的关系分出可数名词、不可数名词、集合名词、抽象名词、专有名词五类。20世纪90年代以后，有学者在不同的句法组合中发现了名词不同的语义特征，得出 ±顺序名词、±过程名词、±空间名词等（马庆株，1991、1995；储泽祥，1998a）。运用配价理论使汉语动词分类取得一定进展后，也有学者将其引入汉语名词的研究之中。袁毓林（1992、1994）从分析名词的语义结构（降级述谓结构）入手，确定汉语的一价、二价名词，由于名词的语义描述中包含了较多的句法信息，这样就在名词与句式之间建立了直接的联系。刘丹青（2000）也主要结合句式说明汉语中一类比较特殊的具有分合价的名词。以上方法可分别概括为意义法、分布法、特征法、配价法。

(二) 计算语言学界

本书第三章第一节已有详细介绍。这里再简单回顾一下。

俞士汶等（1998）以句法分布为标准，在朱德熙分类的基础上进一步细化，把 3000 多个名词分成可数个体名词（即可数名词）、不可数物质名词（即不可数名词）、可分集合名词、不可分集合名词、种类名词（即抽象名词）、专有名词、无量名词，后又增加过程名词①，总共八类。同时描写了名词的 20 多项句法功能属性。

运用语义场理论（Semantic Field）对大规模名词进行语义聚合分类的做法十分普遍，这种方法基本上是依据概念之间的同义、反义和上下义关系建立层级结构，分类结果体现为义类词典及各家所建构的不同的语义体系。②

跟一般语义场不同，吴蔚天先生（1999）提出关系语义场理论。他认为词语之间能够组合在于具有相同的关系义素，各自属于一定的分关系语义场，不同的分关系语义场可组合成关系语义场。他根据名名两两组合构成的 160 个关系语义场，对 3000 多个名词作了分类。这种分类能同时提供名词所具有的句法、语义信息。譬如，如果知道："家具分关系义场"与"家具部件分关系义场"可以构成一个结合关系义场（即定中关系），属于"家具分关系义场"的名词有：桌子、床、茶几、沙发……属于"家具部件分关系义场"的名词有：头、尾、腿、面、角……那么，可以推断："桌子"类、"头"类名词包含有相同的关系义素，可构成定中结构，组合时前一类做定语，后一类做中心语。但建立在概率统计基础上的规则往往比较粗，像把"桌子""床"算作一类，就无法描述"床头""床尾"可以组合，"桌子头""桌子尾"不能组合这样精细的现实差别。

---

① 参见王惠：《中文信息处理中的语言难题征答》，载《语言文字应用》，1998 年第 3 期。
② 中文信息处理方面比较有代表性的语义分类体系有："九〇五"工程的"信息处理用汉语语义词典"，分出事物类、运动类、时空类和属性类四个大类，具体情况可参见陈小荷：《一个面向工程的语义分析体系》，载《语言文字应用》，1998 年第 2 期；林杏光：《词汇语义和计算语言学》，语文出版社 1999 年版；陈力为、袁琦主编：《中文信息处理应用平台工程》，北京电子工业出版社 1995 年版。另有北大的语义分类体系，最上级为事物、性状、运动三个类别，为了跟句法分类保持较高的对应性，语义层级的深度和宽度都比较简单，详见詹卫东：《基于配价的汉语语义词典》，载《语言文字应用》，2000 年第 1 期。

二、关于指人名词

一是结合短语的研究。为了分别说明领属性偏正短语和同位短语的内部构成规律，陆俭明（1985）、储泽祥（1998）各自把指人名词分成了不同的小类。为了解释"人称代词＋指人名词"结构的歧义，杨敬宇（1998）把指人名词分出了八类。马庆株（1991）分出的类别比较复杂，他把指人名词分出层次不同的大类和小类，以考察偏正、同位、联合和主谓短语的内部构成规律。

二是结合句式的研究。袁毓林（1994）、刘丹青（2000）结合句式比较深入地分析了汉语的某一类指人名词。张爱民等（2000）则以加合判断句把指人名词分成了四类，并分析了各类名词与句式之间的关系。

在上述研究的基础上，本章尝试对现代汉语指人名词作全面系统的分类。在介绍具体的分类结果前，还有一系列基本问题需要明确：怎样确定指人名词？我们如何对指人名词进行分类？该方法跟以往的研究有什么不同？等等。

第二节　指人名词的确定

一、判定标准

关于指人名词，迄今尚无明确的判定标准。我们认为，可用鉴别词替换法来判定指人名词，即能用 A 组"谁""哪个（位）""哪个人"等定指性疑问词或者 B 组"什么样的人""做什么的人"等描述性疑问词替换的名词为指人名词。比如，"小张是临时工"这个句子中，"小张""临时工"可分别用两组疑问词替换提问，因此可判定为指人名词。

从认知语言学的角度看，名词的指称功能可分成有指（referential）和无指（nonreferential）。所谓有指，就是指称实体（entity）。无指，就是指称实体具有的属性（attribute）。① 落实到指人名词，其有指功能，就是指称实体的人物；其无指功能，就是指称实体人物所具有的抽象属性。两组疑问词正体现了这两种

---

① 关于有指、无指的概念，本书暂且采用陈平（1987）的观点，详见陈平：《释汉语中与名词性成分相关的四组概念》，载《中国语文》，1987 年第 2 期。

不同的指称功能。另外，有指、无指功能与句法位置有比较密切的联系，主语等位置一般是有指，而表语等位置一般是无指。（张伯江，1997）像上例中，主语"小张"、表语"临时工"表现的分别是有指、无指功能，要用不同的疑问词才能鉴别出它们都是指人名词。

二、收词范围

我们主要参照《现代汉语词典》（以下简称《现汉》）、俞士汶等《现代汉语语法信息词典》（电子版）、《现代汉语频率词典》《现代汉语实词搭配词典》《简明汉语义类词典》《同义词词林》等。此外，酌情补充实际语料中出现的一些重要的指人名词。对一些不太常用的旧称（如"保山"旧称保人或媒人）、书面语色彩较浓的词语（如"冰人"书面语称媒人），以及尚未进入普通话的方言（如"伯婆"方言称伯祖母或丈夫的伯母）均不收。

第三节　指人名词分类的必要性及方法

一、分类的必要性

理论上讲，最好的分类应能以最合适的概括度统摄最琐细的有可能存在的属性区别，也就是在概括与琐细这一对矛盾之间取得最佳平衡。

汉语名词属性特征——特别是对组构有重要影响的语义特征及配价特征——的发现，如前所述，还远远不够，这就使得以此为基础的名词细致分类当前尚无法做到。对指人名词来说，尽可能多地发现其所具有的某些跟组构（主要指组成不同的短语结构）有关的属性特征，并以计算机可利用的方式放入语言知识库，对汉语的计算机理解非常有用。

在本文中，给指人名词分类是刻画其属性差别的有效方式，直接目的是服务于下一步的句法加工。例如：

　　　　张三同志（同位短语）
　　　　张三父亲（偏正短语）

张三小偷（主谓短语）

这三例中，句法结构关系不同的原因在于名2位置上名词的不同。计算机如果首先知道"同志""父亲""小偷"分别属专职称呼名词、关系名词、特殊职业类名词，再依据一定的句法规则，就能推导出正确的句法结构关系。下一章将以同位为例，展示分类对从内部判断组构可能性的作用。

二、分类方法

两个指人名词能否组合以及组合后形成什么样的句法结构，很大程度上跟指人名词自身属性有关。本书的基本设想是：指人名词指称（reference）性质的差别，可造成双名组构的差异，这种抽象的语用属性，跟一定的语义语法属性密切相关。① 像上例中，名2位置上三个指人名词的指称能力并不一样，这种差别可通过称呼、关系、职业等属性来衡量。

把结构差别归结为名词属性差异——根据属性给名词分类——再由名词的类别说明句法结构，这种作法跟前面介绍的语义特征法、配价法、关系语义场等，有许多相通之处。不同之处在于：

（1）增加语用属性（指称性）作为分类标准。

（2）用于分类的属性可通过特定句法框架得以形式化地反映。

（3）分类按确定步骤进行：第一步，根据指人名词在无指句位上的表现，把惟有指性指人名词从指人名词中先分出去。第二步，剩下的普通指人名词实现无指功能时，所需支配对象并不同：非关系名词只需支配一方对象就可完成一个静态判断陈述。例如：他是<u>小偷</u>。"小偷"体现无指功能时，只要支配"他"一方就可完成一个陈述。而关系名词需支配至少两方面对象才能完成一个陈述。例如：他是我<u>父亲</u>。"父亲"必须支配"他""我"两方。第三步，有些非关系名词还表现出一定的有指特征或关系特征，关系名词能够支配的对象有

---

① 项开喜（2001）也谈到名词性成分指称强弱的不同可以造成不同的结构关系。如邢福义，华中师范大学教授。→华中师范大学教授邢福义，箭头前后分别是主谓结构、同位结构。在于专有名词"邢福义"比偏正结构"华中师范大学教授"指称性强。假期三个月→三个月假期，箭头前后分别是主谓结构、偏正结构。在于光杆普通名词"假期"要比数量名词"三个月"指称性强。可参见项开喜：《体词谓语句的功能透视》，载《汉语学习》，2001年第1期。

不同方面，据此分出更细的次类。

（4）以框架测试法为主，此外，还综合运用了以下三种方法。a. 内省法：根据说汉语的本族人语感来判断。b. 鉴别词法：选择鉴别词来确定出现在表语位置上的名词是否体现无指功能。c. 类比法：选择一个意义、功能、用法等都比较典型和明确的词，然后把其他词跟它进行类比推演，各方面都比较接近的，可考虑是同类，否则为另一类。

第四节 框架测试法的理据及运用

一、理论依据

（一）摹状词理论和指称理论

语言哲学中的摹状词大体相当于语言学中的名词性词语。罗素（Russell）首先提出摹状词理论，并分出限定和非限定两类。斯特劳森（Strawson）进一步指出语词有用于指称和描述的区别。唐奈兰（Donnellan）在此基础上提出限定摹状词有指称性用法（referential use）和归属性用法（attributive use）。如"杀害史密斯的凶手"这一短语，在"杀害史密斯的凶手是患有精神病的"这句话里，如果是说话者用以使听话者辨认出某一特定实体的，为指称性用法。如果说话者本人都不清楚词语在现实世界中的明确外延（虚指），甚至现实中并不存在该实体（例如，史密斯是自杀），那么说话人仅仅是把该短语所描述的性状进行了归属和假设：除了患有精神病的，不会有人杀害史密斯。"杀害史密斯的凶手"只是说话者心目中假想实体具有的性质。[①]

哲学上的这种区分与认知语言学中有指（referential）、无指（nonreferential）的区分十分相似。有指是指称实体（entity），无指是指称属性（attribute）。无指概念在语言学中的引入，反映了名词语不指称实体，而指称实体蕴含的抽象属性的功能在语言研究中也日益受到关注。随着研究的深入，许多学者认为指

[①] 关于摹状词和指称理论详见涂纪亮：《语言哲学名著选辑（英美部分）》，生活·读书·新知三联书店出版社 1988 年版；[英] A. P. 马蒂尼奇编：《语言哲学》，牟博、杨育英、韩林合等译，商务印书馆 1998 年版。

称的实质是可识别程度（degrees of identifiability）的差别，有指、无指的二分还不足以说明这种差异，它应该是一个连续统：一端是有高度可识别性的定指（definite），另一端是跟识别出所指物相关的一些性质，中间有许多渐变的等级。①

（二）语言类型学的证据

从跨语言研究的类型学角度看，根据光杆名词（即出现在规范论元位置上的非限定 NPs）做论元时受不受限定，世界上的语言可分为：1. 论元性的（argumental），NPs 是类名（names of kinds），可不带限定词 D（determiner）自由出现在论元位置上，如汉语。2. 谓词性的（predicate），NPs 不带限定词就不能做论元，如罗曼语族。3. 兼论元性、谓词性的，如日耳曼语族和斯拉夫语族。

汉语作为论元性的语言，名词光杆形式（不包括代词等）在论元位置上时，限定词是非强制性同现。像光杆名词"狗"无须限定词，就可自由地在句中论元位置上指称实体，如"狗正在外边玩"。而且，论元"狗"既可表单数义［注：日耳曼语族、罗曼语族都不可能有这样的说法］，也可表复数义［注：光杆复数论元在英语（日耳曼语族）中是合语法的，在罗曼语族中却是不合语法或受限的］。②

也就是说，就世界上大多数语言来讲，名词以非限定形式出现在谓词（动词/形容词）论元位置上表有指，汉语最为自由。这就使得人们往往只注意到汉语光杆名词的有指功能，而忽略了它的无指功能，并以为汉语名词充当谓词论元时一定是有指的。其实，无指是汉语名词的基本指称功能之一，只要在合适的句法位置上就能显现，当然，不同句法位置表现无指功能的机会是不同的，张伯江（1997）把无指对句位的优选序列概括为：表语 > 定语 > 名词中心语 > 主语 > 宾语。从陈平（1987）的讨论也能发现，无指较多地表现在分类性表语、定语、特定宾语等位置。

由此可推断，名词与谓词组合跟名词与名词组合相比，后一种组合中，名

---

① 这方面的研究可参考 Li, Charles N. & Thompson, Sandra A. *Mandarin Chinese: A Functional Reference Grammar.* Berkeley and Los Angeles, California: University of California Press. 1981；［美］伯纳德·科姆里：《语言共性和语言类型》，沈家煊译，华夏出版社 1989 年版；陈平：《释汉语中与名词性成分相关的四组概念》，载《中国语文》，1987 年第 2 期。

② Gennaro Chierchia. "Reference to Kinds across Languages," *Natural Language Semantics*, No. 2, 1998.

词有更多的机会表现无指。如果说名谓组构时,名词的指称对结构的影响并不太明显,那么,名名组构时,两个名词之间指称的差别对形成不同的句法结构有重要影响。

(三) 指人名词的有指功能与形式

指称功能与形式一般不对应。陆丙甫(1998)指出,可识别的认知地位(cognitive status of identifiability)和形式编码(formal coding)不一一对应。但多数学者都承认存在相对固定的有指形式,陈平(1987)给出三组有指形式:人称代词、专有名词、"这/那"+(量词)+名词。笔者也认为,指人名词中存在着主要表现有指功能的有指性名词。

(四) 指人名词的无指功能与配价

英语名词句法上不能直接单独做谓语,需要跟联系动词构成系表结构才有述谓的可能,但已有学者主张把判断动词的表语直接处理为谓词而非谓词支配的论元。菲尔墨(Fillmore,1968)认为判断表语是"永存格"(Essive),但描述性强的判断表语(如"白痴")可当作谓词。切夫(Chafe,1970)设立名词陈述化的操作程序,使判断表语位置上的名词得以转化为谓词来陈述。类似地,狄克(Dik,1980)认为句子中的 be 为"联结支撑成分"(Copula Support),起形式上的支撑作用,谓词语义完全由后面名词表达。

汉语一部分名词可直接做谓语,传统语法认为此时的名词已转化成谓词。郭锐(2000)区分词汇层面的词性和句法层面的词性,认为名词做谓语时,名词词汇层面的词性未变,句法层面的词性转成谓词。

看来,不管是否承认名词做谓语时词性发生了变化,认为名词做谓语和做表语有相通之处,把它们都看成跟谓词类似的可支配其他论元的句子核心应该是可取的,因此,以下采用的"主语+判断动词+表语名词"框架,从某种意义上不妨理解成"主语+谓语名词"。朱小雪(1989)也指出配价概念适用于谓语名词。可是笔者考虑到:名词做谓语是名词的非典型句法功能;"分合价"现象显示了运用配价理论解释指人关系名词存在一定困难(刘丹青,2000);谓词一般要带上标记才能转指实体人(朱德熙,1983);能够做谓语或表语的名词跟谓词还是有很多不同,故以下虽参照谓词配价的做法,设置一定的句式来发现指人名词的属性特征,但并不使用"配价"这一术语。

以上论证可总结为:从语言哲学和认知语言学角度看,汉语跟其他语言一样，名词兼备有指、无指功能。汉语名词的特殊性在于光杆形式可不受限定自由地做论元，多表现有指功能。实际上无指仍然是汉语光杆名词的基本功能，在合适的句法位置上就可表现出来。就汉语指人名词来说，大都可在典型的无指句位表现无指功能，即支配比较固定的有指性指人名词，从而有类似于谓词核心的配价能力。因此，可像谓词那样，在最小主谓结构中确定指人名词的特征。

二、具体运用

（一）框架的设置

判断句一般用于断定主语的属性，表语又是典型的无指句位，所以选择判断句作为基本框架，即主语+判断动词+表语。

句式中，把主语实体化（即指称实体人物，以 n 表示）。判断动词取"是"，不将之码化为 V。因为动词"是"比较中性，对表语名词没有特殊要求。而有些联系动词或准联系动词，如"当上、变成、成为"等，对表语有特定要求，像可以说"他当上父亲"，却不能说"他当上儿子"，原因是动词本身有"变化"义，表语名词也必须要有"顺序"义。将待测名词置于表语位置上，以观察其无指能力。

基本形式为：n + 是 + _____。

（二）框架的得出

当待测名词只要支配一方面对象就能完成一个静态判断陈述时，可得简单判断句式，主语 n 分别为单数（以 nd 表示）、复数指人名词（以 nf 表示）时，得测试框架 1、2：

框架 1：nd + 是 + _____。

框架 2：nf + 是 + _____。

当待测名词必须支配至少两方面对象才能完成一个静态判断陈述时，简单形式需扩展成复杂判断句式。即：

框架 3：nd1 + 是 + nd2 + 的 + _____。

框架 4：nd1 + 跟 + nd2 + 是 + _____。

框架 5：nd1 + 跟 + nd2 + 是 + nd3 + 的 + _____。

注：表示该位置可插入状语等成分（如已经、以前等），"跟"为介词。

（三）使用原则

为了保证框架分类的有效性，待测指人名词进入测试框架时需同时遵循下列原则：

1. 稳定性：待测名词要以稳定的义项进入框架。
2. 自由性：待测名词进入框架后所形成的陈述句应该是自由的，不能受限于语境。
3. 最简性：待测名词可以同一义项进入不同框架时，以完成最简陈述所在框架为准。

稳定性原则排除了名词的临时用法，自由性原则排除了语境句，最简性原则保证了受待测名词支配的名词语义上是必有的。

（四）使用说明

具体操作时，对可同时进入几个框架的指人名词，酌情采用两种办法。

方法一：因义项差别造成一个名词进入不同框架的，则把词按义项归入不同的类。词的释义及义项序号（以下标数字注明）基本以《现代》为准。如"大妈"有两个义项：①伯母。②尊称年长的妇人。第一个义项时，可进入框架3，是表示血缘的关系名词"大妈$_1$"；第二个义项时，一般不能进入框架1或框架2，是专职称呼词"大妈$_2$"。

有时，词典并未给出释义或单立义项，但词义造成的用法差别确实比较明显并可通过一系列方法加以证实的，就补充词典释义并把它归入不同的类。如《现汉》把"恋人、情人、相好"等词均解释为某种关系中的"一方"，但通过框架测试（可进入框架3、框架4）、内省、类比及实际语料的调查发现，"恋人"等词的用法跟"情侣、终身伴侣、青梅竹马"等相同，跟"老伴、对象$_2$、心上人、意中人"等（只能进入框架3）并不同，因此，其释义应参照前者补充完整为"一方或双方"，并相应的归到关系名词中的不同次类。

方法二：排除词的临时用法。待测名词进入某框架形成语境句后，可增加临时意义，但不能据此给词归类。如：

他是<u>孙子</u>。

"孙子"进入框架1后，专门用在骂人的场合，"孙子"一词也产生引申义，但这只是词的临时用法，给词归类时不予考虑。

这两种做法效果相反：第一种作法扩充了词的义项，第二种作法则限制了义项的扩充。但严格说来，从临时词义的增殖到稳定义项的形成是个渐变过程，很难一刀切。所以，根据词义造成的用法差别给词分类有时会比较困难。

第五节　指人名词分类结果

一、惟有指性指人名词

惟有指性指人名词是只含有指性质的指人名词。包括代名词、指量名词、专职称呼词。

框架测试表现为：不能进入任何框架，如专职称呼词；或看似能进入某框架，却并不表现无指功能，以部分人称代名词和指量名词进入框架1为例：

张三是<u>他</u>。
张三是<u>这个人</u>。

该现象可从四方面解释：

第一，按照认知语法的可及度理论（the theory of accessibility），人称代名词、指量名词要比普通名词的可及度高。可及度就是在某一话语单位之内指称对象的可找回程度。普通名词是低可及度标记（low accessibility marker），其典型用法是引出首次出现的指称对象，以便在受众的认知世界建立起一个完整的关于该对象的概念。当再次提到该对象时，一般要使用人称代名词、指量名词。① 上面的例句中，表语位置上的词要比主语位置上的词可及度高，多用于确认指别。

第二，根据语用学的指示（deixis）理论，上面两例是人称代名词、指量名词的身势用法（gestural usage），说话人在说话的同时要使用副语言特征，如用

---

① 关于可及度理论主要参考了王灿龙：《人称代词"他"的照应功能研究》，载《中国语文》，2000年第3期。

手指点、甩头、使眼色，等等。因此，身势用法完全依靠当时的真实交际情景。① 上例是只能在语境中才能存在的句子。

第三，上面的陈述句不能脱离具体的语境，违反了框架运用所要求的自由性原则。因此，严格说来，这些词并不适用框架1。

第四，用鉴别词替换待测名词，只能用有指性的A组"谁""哪个（位）""哪个人"等，不能用无指性的B组"什么样的人""做什么的人"等来提问。这说明，人称代名词和指量名词即使在表语位置上，仍然是有指性的。

下面对这三类名词逐一分析：

1. 代名词

  a. 泛称代词：人家 别人

  b. 单数人称代词：我 你 他 她 俺 您

  c. 复数人称代词：我们 咱们 咱 你们 他们 她们

  d. 统括代词：大家 大伙儿 彼此

  e. 反身代词：自己 自个儿 自身 本人 本身 个人

语用学把人称代词、指示代词等都叫作指示词语（deixical items），用法主要有指示（deixis）与回指（anaphoric）。指示就是词语不依赖语篇上下文独立指称实体。回指则是语篇中已提到某事物后，词语再次论及。回指可用于证明同指的其他先行名词性成分是否有指（陈平，1987），因此，回指词语本身应是有指的。

一般地说，指示词语独立指示的功能越弱，回指功能则越强，有指性也越强。这样，代名词可根据所具备的两种功能的强弱形成一个连续统。刘街生（2004）就采用了这样的做法，如图4-1：

名词 泛称代词 单数人称代词 复数人称代词 统括代词 反身代词 零形回指

指示　　　　　　　　　　　　　　　　回指

图4-1

---

① 本节关于语用学指示问题的阐述主要参考：何兆熊：《新编语用学概要》，上海外语教育出版社2000年版。沈家煊：《语用学论题之五：指示现象（上）》，载《国外语言学》，1987年第2期。沈家煊：《语用学论题之五：指示现象（下）》，载《国外语言学》，1987年第3期。

自左向右，代名词的指示功能渐弱，回指功能渐强，对与之同指的先行词的依赖程度也渐强。最左端的泛称代词很难用于回指，十分接近普通名词。最右端的反身代词"自己"等，基本上多用于回指，十分接近零形回指。两者大致以复数人称代词和统括代词为界，这两类代词用于指示和回指都比较自由。

认知语法认为，跟普通名词相比，代名词的指示功能算不上真正意义的独立指称，而是一种照应，与认知世界早已存在的"名词"同指（王灿龙，2000）。所以，有学者把代名词视为回指词。①

2. 指量名词

指由"这、此、那、其、每、各"等指示代词，"个、位、帮、伙、群、些、种、类、代、辈"等量词和名词"人"组成的最简名词性短语。有时量词不出现（如这人、那人）或名词不出现（如每位、各位），都归入此类。指量名词也是兼有指示和回指功能，在图 4-1 所示连续统上的位置介于统括和反身代词之间。

3. 专职称呼词

称呼与称谓不同。称呼是词语的呼格用法（vocative use），即作为呼语直接呼叫对方。例如：<u>老师</u>，你好。称谓是词语的代词用法（pronominal use），即作为主语、宾语或定语提及对方。例如：<u>老师</u>在讲课。②

称呼的使用要综合考虑历史年代、地域、社会阶层、交际者心理等各种复杂因素，文化人类学、语用学、社会语言学等多个领域对此都进行过有益的探索，单纯从语言学提供规则的目的想精确地界定哪些是称呼词比较困难。像胡明扬先生（1981）在 20 世纪 80 年代还说国内极少称"博士"，但随着社会的发展，高学历人才的日益增多，目前国内以"博士"作为称呼的并不罕见。再如"铁匠"由于社会地位并不高，按理不用于面称，但在农村地区，"铁匠""木匠"之类的称呼却是很正常的。本书界定可称呼性名词时，主要吸收《现汉》及现有研究成果，参照了一些对话为主的书面语料，并辅之以语感。

---

① 秦洪武：《第三人称代词在深层回指中的应用分析》，载《当代语言学》，2001 年第 1 期。文中指出：汉语语法文献大都认为称代词（即人称代词）只有称代作用或替代作用，易产生误解。代词的作用实际上是指称作用，故称之为回指词。
② 这一观点引自铃木孝夫（1973），转引自方经民：《日汉代词称谓系统的结构、语用对比》，载《松山大学言语文化研究》，1999 年 18 卷 2 号。

一个语言符号只有一种功能并不符合经济性原则，再从交际需要看，完全可以从对方的特征、对方与自己的关系等各方面来称呼，因此，只作称呼用的词很少，大部分称呼词都与称谓词同形。这里谈的专职称呼词有的只能用于称呼，如阁下。也有的既可用于称谓，也可用于称呼，而且称呼用法已被《现汉》单收为一个义项，如"同志"：①为共同理想、事业而奋斗的人，特指同一个政党的成员。②人们惯用的彼此的称呼。第二个义项是词的称呼功能，我们把这样一些词按其义项作为专职称呼词收录。如同志$_2$。

跟一部分人称代名词和指量名词比，专职称呼词不能进入任何句法框架。这是因为称呼跟实际语境十分密切，当发话人使用称呼词进行交际时，所指必定是明确、可识别、有指的实体人物，以下将把可称呼作为一个重要特征，对兼有称呼性质的词另行作出标记。

从对被称呼对象的尊敬和亲热程度看，专职称呼词包括敬称、泛称、假亲属称三类：

a. 敬称表示对对方的尊敬，多用于正式场合，以示说话人的恭敬。如阁下。

b. 泛称是社会成员之间最普通的打招呼用语。如同志$_2$。许多学者都指出，"老师"一词本来只用于学校，现在已泛化，许多与教师职业无关的人也被尊称为老师（陈月明，1992；黄南松，1992；崔希亮，1996；马宁生，1997），可列入专职称呼词。这说明，当称谓词逐步变成称呼词后，其原有意义也在虚化。

c. 假亲属称是用貌似家庭亲属关系的词来称呼与自己并没有亲缘关系的社会成员，这种把社会关系比照家庭关系来称呼的方式增加了亲热、尊敬等感情。

一部分词与亲属关系词同形，词典中有单独义项。如"大伯"：①伯父。②尊称年长的男人。第一个义项表示家庭亲属关系。第二个义项表示社会成员角色。还有一小部分词构词语素有表亲属关系的，但整个词只是一种社交称呼，多以"老-""大-"等作为前缀。如老伯、大娘、老大娘、老弟。

二、普通指人名词

普通指人名词是可无指的指人名词。框架测试表现为：可进入简单判断句式（框架1、框架2），如非关系指人名词；或者复杂判断句式（框架3、框架4、框架5），如关系指人名词。

(一) 非关系指人名词

1. 专有名词

专有名词是从惟有指向典型非关系指人名词过渡的一类词。它进入框架 1 时，只能用 A 组不能用 B 组提问，比较接近一部分人称代名词和指量名词；都可用于称呼，又比较接近专职称呼词，这些都体现了一定的有指性。陈平 (1987) 就把专有名词看成跟人称代名词、指量名词一样的有指形式。但跟惟有指不同，专名做表语的句子不是语境句，不违反框架运用原则。从构成看，有以下几种情况：

a. 全名：姓 + 名。汉语中，姓和名最多各为两个音节，全名一般为二至四个音节。如王刚（双音节）；令狐冲（三音节）；欧阳奋强、范徐丽泰（四音节）。

b. 纯姓：双音节复姓可单用，如司马、欧阳、令狐。单音节姓书面语体里可单用。

c. 纯名：只称名一般限于熟人，单音节名更限于非常亲密的关系，像父母跟子女、情侣、夫妻之间，如军（周建军）、梅（张梅）。

d. 带前加成分：纯姓或纯名加前缀或单音节词较常见，特别是单音节的姓或名，前加后可自由使用，同时增加亲密等感情色彩。前加词缀如："小 -""大 -""老 -""阿 -"加在姓前，如小刘、大周、老王、阿赵，还可同时加两个，如大老张。加在名前一般不能用"老 -"，如小敏、大军、阿花。

e. 带后加成分：纯姓或纯名加后缀或单音节词也较常见，特别是单音节的姓或名，带上后加成分后可更自由地使用。这些后缀如："- 老""- 公""- 子""- 儿"。"姓 + 后加成分"，如郭老、朱公。"名 + 后加成分"，如刘海粟—海老、朱德熙—熙公、王英—英子/儿。"单音节姓 + 单音节简称头衔"，如王工（工程师）、黄处/科（处长/科长）、刘参（参谋）、陈博（博士）。"姓 + 单音节假亲属称"，如田妈、梁兄。"名 + 单音节假亲属称"，如子文兄、霞姐。

姓或名可同时有前加成分、后加成分，如小李子、小霞儿。

f. 重叠：取名的一个字加以重叠，如刚刚（王刚）。

此外，以下三种情况，专有名词有类化倾向，可同时进入框架 1 和框架 2。

a. 绰号。也叫外号，根据某人在某方面的特征所起，在一定的时间和范围内，可代替本名来称呼。如小不点、豆芽菜。绰号不是人人都有，也不是都能为本人接受。

b. 名人的名字。名人指众所周知的人物，包括实际生活中的真人或虚构世界里的人物，往往具有某种突出的类化性质。如雷锋、孙悟空。

c. 重名。有时，一些比较常用的名字可能为几个人所共有。

2. 集合名词

这里讨论的集合名词，也叫不可分集合名词。（俞士汶，1998）该类名词描述成群成组的事物，不表具体数目，不可个体化，句法上不能与个体量词"个""位"等搭配。框架测试法显示，不能进入框架1只能进入框架2。如：

人类 人民 群众 民众 大众 众人 百姓 官兵 军民 干群 宾主 指战员

3. 数量名词

由数词、量词和名词"人"组成的名词性词语。构成如：数+量（两个）、数+量+名（两个人）、数+名（两人）、合音词（俩）。

4. 头衔类

头衔分学衔、军衔、职衔和官衔，从低到高有一定等级序列。除了较低衔位外，大多数都可用于称呼以示尊敬。官衔不论高低，都可用于称呼。学衔目前只有"博士"可用于称呼。军衔从尉官开始可称呼。职衔要区分不同系统：高教系统从中级职称"讲师"开始才用于称呼；医疗系统从初级职称的第二个级别"医师"就可用于称呼；工程技术系统则从初级职称的第一个级别"技术员"就可用于称呼。

5. 职业类

《现汉》对"职业"的解释是"个人在社会中所从事的作为主要生活来源的工作"。根据这个定义，可确定指人职业名词的范围。职业名词可按照能否用于称呼、能否与专名组成"专名+称呼性职业"形式、能否表雇佣关系这三项标准，进行逐级分类。

a. 不能称呼。按能否表雇佣分为：

a1. 可雇佣。礼貌原则要求交际时需对人示好，可雇佣职业一般是社会地位不高的低级职业，故不宜做称呼。如仆人、保姆。

a2. 不可雇佣。一为总括性行业。如工人、农民、商人。二为专门性行业。

如漆工、瓦匠、蚕农、牙医。三为特殊的、非正常劳动的低级行业。如小偷。前两小类分别由于类别过于概括或过于细致，不是基本层次范畴（basic-level categories）①，普通人一般都不了解。第三小类带有隐蔽性和非正当性。所以，交际场合中都不能用于对某个人的正式面称。

b. 可称呼，但不能组成"专名+职业性称呼"形式。

主要是不可雇佣职业。有的是为大众服务的行业，如邮递员、列车员。有的是为国家所有的职业，如解放军。有的是具有一定社会地位不可能为个人所有的，如音乐家。这类职业性称呼往往用来称呼不知姓名的陌生人，所以前面不可能有专名与之共现（郭继懋，1995）。

c. 可称呼，还可组成"专名+职业性称呼"形式。

c1. 可雇佣。指私人出资聘用的专门服务人员或因具有某种官职、身份而配备的服务人员。如秘书、侦探、保镖。

c2. 不可雇佣。指在机关、单位供职而不提供个人或家庭服务的人员。如导演、记者。

郭继懋（1995）指出其特点为：较为常用，但为数不多，属较稳定的职业性面称，前面可冠以姓氏，可面称熟悉的人，不十分熟悉的人和陌生人。

上面的讨论反映出一个倾向：凡是可称呼的职业都是比较体面、稳定或有一定社会地位，同时一般不能为个人所雇佣。

6. 性质类

性质类名词，是有性质义的指人名词。跟专有名词、职业类、头衔类相比，其内部比较杂，难以采用统一标准，主要有年龄、性别、性格、体貌、学历、婚姻状况、社会身份等，此外，有临时交往形成的成对身份。（详见附录1）

该类名词在非关系名词中最具无指功能。这类名词的特点表现在：

a. 含标示人物属性的语素。一部分性质名词的前一构词语素为形容词性，如"伟人、胖子、懒汉"中包含有"伟、胖、懒"等形容词性语素，标示人物属性。

b. 名形转类。名词所包含的性质义是名词向形容词转变的语义基础。因此，要在共时平面上判断一个词到底是指具有某种性质的人、还是指人所具有的某

---

① 基本层次范畴的概念可参见张敏：《认知语言学与汉语名词短语》，中国社会科学出版社1998年版。

种性质、还是兼有两义，词性上到底是活用（临时转类）还是兼类（彻底转类），有时比较困难（谭景春，1998）。试比较《现汉》对以下三个词的释义：

快嘴：指不加考虑、有话就说或好传闲话的人。
贫嘴：爱多说废话或开玩笑的话。
油嘴：①说话油滑，善于狡辩。②油嘴的人。

根据上述释义，"快嘴"指具有某种性质的人；"贫嘴"指人所具的某种性质；"油嘴"兼有两义。这些释义是否确切地反映了词的意义和功能值得进一步考虑。

c. 大部分不能用于称呼。可称呼是有指的表现，仅性格、体貌两小类可用于称呼，且多作为绰号使用，带有专名性质，一般不再与专有名词构成组合称呼形式。其他小类中，只有极小部分词能构成"专名+性质类称呼"组合形式。

d. 表临时身份的性质类名词包含关系特征，而名词带关系特征要比不带无指性强。①

d1. 不对等关系。如主持人—来宾、班主任—学生。一般来说，前者"主持人""班主任"等是少数，对后者有一定的控制权和支配权，代表较高的身份，常可用于称呼。而后者"来宾""学生"等是多数，可为前者控制支配，代表较低的身份，不能用于称呼，更多地表现出被前者领有。再如：售货员—顾客、医生—病人。"售货员""医生"等兼属可称呼职业类。

d2. 对等关系。如：新郎—新娘、原告—被告。前后没有不对等的高下之分，相关语境中，都可用于称呼。

综上所述，除了集合名词、数量名词涉及数的因素，可暂时不予考虑外，非关系指人名词中的几个重要次类指称强度呈渐变趋势。如图 4-2：

---

① 这一论断的得出基于以下考虑：主语是典型的有指句位。非关系名词一般可单独出现在这一位置，有明确的所指，比如，"清洁工正在打扫卫生"中的"清洁工"可以指某个或某群人。而关系名词一般不能单独在这一句位上出现，比如，？孙子正在打扫卫生。（单方类关系名词）＊祖孙正在打扫卫生。（双方类关系名词）＊子女正在打扫卫生。（三方类关系名词）这说明，关系名词有指性比较弱，甚至在有指句位都很难实现有指功能。当然，关系名词内部不同小类还有差别，单方类关系名词的有指性要强于后两者。

```
专有名词      头衔类名词      职业类名词    性质类名词
  ├──────────────────────────────────────────►
  有指                                    无指
```

图 4-2

自左向右，有指性减弱，无指性渐强。具体反映在两方面：

第一，可称呼性渐弱。称呼一般用于当面确指某一实体，可称呼性强，则意味着有指性强。专有名词整个一类都可用于称呼；头衔类名词绝大部分可用于称呼；职业类名词次之，一部分社会地位较低的职业不能用于称呼；性质类名词基本上都不能用于称呼，除非用作人的绰号时。

第二，关系特征渐强。能进入框架3（nd1 + 是 + nd2 + 的 + _____。）的词具有关系特征。非关系名词在对这个框架的选择上表现出不同的自由度：专有名词、头衔类名词进入框架后形成的一般是语境句；职业类名词中的可雇佣职业、性质类名词中临时身份名词有比较固定的关系特征，可较自由地进入框架。但因为后两小类还可同时进入框架1或框架2，根据框架运用的最简性原则，还是把它们处理成非关系指人名词。

（二）关系指人名词

为准确理解"关系"这一术语，有必要先区分"方面"与"数量"这两个概念。"方面"主要从语义角度考虑。"数量"是语法范畴，不同语言有单数、双数、复数等不同的语法表现。"关系"与"数量"没有必然关系：单数不一定不隐含关系，复数也不一定能构成关系。如：

小张是小王的<u>丈夫</u>。
？他们是<u>朋友</u>。

前例中，"丈夫"是单数名词，但它隐含着"小张"与"小王"的某种关系。后例中，"他们"虽是复数，若只指一个方面，仍然不能构成关系，句子不能自足，需要后续句：

他们是朋友，所以，我很信任他们。

可见，跟"关系"直接相关的概念是"方面"。非关系指人名词只需支配一个方面（可以是复数，如集合名词）的实体就可完成一个判断。关系名词需要支配至少两个方面（即使这两方面各为最小的数字"一"）的实体才能完成一个判断。

如果以符号 N_D 代表单方（包括单数 nd 和复数 nf）指人名词，框架1—5 可表示为：

框架 $1-2'$：N_D + 是 + _____。

框架 $3'$：N_{D1} + 是 + N_{D2} + 的 + _____。

框架 $4'$：N_{D1} + 跟 + N_{D2} + 是 + _____。

框架 $5'$：N_{D1} + 跟 + N_{D2} + 是 + N_{D3} + 的 + _____。

非关系指人名词只能进入框架 $1-2'$，不同的关系指人名词可分别进入后3个框架。不过，为了讨论问题的便利，我们制定框架时都尽可能把"单方"（N_D）简化为"单数"（nd）。

非关系与关系的根本区别在于：前者强调实体完全趋同，所以才能视为是一个"方面"；后者强调实体不同，包括完全趋异或同中有异，所以要视为两个或更多个"方面"。框架3 表示一方 nd_1 为另一方 nd_2 领属，框架5 表示双方 nd_1、nd_2 为第三方 nd_3 领属，都是典型的一主一次的主从关系。

问题是如何理解框架4、框架5 中 nd_1 与 nd_2 的关系。据张谊生（1996）的研究，"名1 跟名2"有联合、主从、对等三种歧义。简言之，联合强调实体间完全趋同，"跟"是连词；主从强调实体间完全趋异，"跟"是介词；对等介于中间状态，是同中有异。这些关系都可采用一定的形式手段来区分。①

以关系名词"夫妻"为例，我们先用这些区分手段检验一下。

a. 表主从关系的是分离标记和空位标记。分离标记是指 nd_1 与"跟"之间所插入的状语及其他成分。空位标记是指 nd_1 承前或蒙后省略的现象。例如：

他跟她是夫妻。

你怕什么？跟他是夫妻了，他还会为难你吗？

---

① 关于"名1 跟名2"的歧义及区分手段等，详细论述可参见张谊生：《交互类短语和连介兼类词的分化》，载《中国语文》，1996 年第5 期。

b. 表对等关系的是相互标记。指"相互、彼此"等表示交互对等关系的词语。例如：

　　他跟她是<u>夫妻</u>。

c. 表联合关系的是统括标记。指范围副词"都、全、全都"等。例如：

　　＊他跟她是<u>夫妻</u>。

可见，当关系名词出现在表语位置上时，受其支配的两个实体"他"与"她"不能构成联合关系，只能是主从或偏于主从的对等关系。

为了凸显关系名词所支配双方之间的这种"异"，我们选择主从关系为代表来制定框架，规定"跟"为介词，nd_1 与"跟"之间可插入表主从关系的分离标记。

1. 单方类

记作Ⅰ类。待测名词只能进入框架3，支配有领属关系的双方，并可转指其中一方，故称单方类。

第一种，关系不可逆，待测名词只指关系中的固定一方。例如：甲是乙的丈夫，则乙不是甲的丈夫。且"丈夫"可转指有配偶关系的男方。

a. 配偶①

产生一个新的家庭的必备要素是婚配，所以配偶关系是讨论亲属关系的起点。包括由于亡故、婚姻关系变动等引起的特殊配偶关系，法律尚未或不可能认可的准配偶关系等。如丈夫、前夫、亡夫、男友、情郎。甲乙双方性别确定。

b. 血亲

随夫妻关系产生的是子女，夫妻对自己的子女而言就是父母，父母与子女之间有生育关系；有相同生育关系的子女按年龄长幼有同胞关系；同胞关系和生育关系的不同结合就产生了由近及远的血缘关系，这些都构成血亲关系。被领有者性别是确定的。

---

① 这里，"配偶""血亲""姻亲"等类名，是元语言，不是指词语本身。

生物意义上的血亲关系，按其形成途径有：一是相同关系的扩展。像生育关系中辈分由低到高扩展：父亲、祖父、曾祖、高祖。二是不同关系的扩展。涉及出现顺序、方向等诸多因素，这里只简单举例。如"叔叔"表示"某人的具有正向生育关系的男性（即父亲），此人（即父亲）的具有反向同胞关系的男性（即弟弟）"。有的词可同时表示两类以上不同的亲属关系，如"舅舅"可同时表示"母亲的哥哥"和"母亲的弟弟"。① 这一类血亲词有一部分可用于当面称呼，一般是辈分较高的。

此外，还有由再婚、收养等后天因素形成的准血亲关系，如后父、继父、乳母、养父、养子。在社交中形成的貌似血亲关系的非家庭关系，可称作伪血亲关系，如义父、干爹、师父。这些词相对于生物血亲，是比较远的关系。称呼时往往从生物血亲的面称以示亲密，像当面称"后父"（准血亲）、"义父"（伪血亲）都为"爸爸"（血亲）。

c. 姻亲

一种或两种同胞关系或生育关系与婚姻关系结合，形成姻亲关系。由于血亲要比姻亲更为亲近，从血亲称呼。如女婿称呼岳父、媳妇称呼公公，都是"爸爸"。

大部分姻亲词类似于血亲，仅被领有者的性别是明确的。如女婿、儿媳妇。也有一部分姻亲词语类似于配偶，双方性别角色都明确，这部分词语第一层都是婚姻关系，以男性作为领有者的，如岳父、岳丈、丈人、岳母、丈母、妻舅、大舅子、小舅子、内兄、内弟、内侄、内侄女、姻兄、姻弟、舅嫂、大姨子、小姨子。以女性作为领有者的，如公公、公爹、婆婆、老婆婆$_2$、大姑子、小姑子、大伯子、小叔子、叔婆。

d. 上座标亲属关系词

表示类名的词语，是上座标。有些词是上述三类词的上座标词，如家长、子弟、先祖、先人、后代。

e. 社会关系

除了家庭关系，还有在社会交往中形成的社会关系，如上级、靠山、亲信。

---

① 对现代汉语亲属词比较系统的语义分析，可参见石安石：《亲属词的语义成分试析》，见《语言学论丛（第九辑）》，商务印书馆1982年版；刘维群：《现代汉语亲属称谓的语义分析》，见《语言学论辑》，天津人民出版社1993年版。

第一种，长久交往中形成的成对、固定的社会关系，如老师—学生、导师—研究生、师傅—徒弟。

第二种，关系可逆、待测名词可指关系中的任意一方，如甲是乙的爱人，则乙是甲的爱人。且"爱人"可转指有配偶关系的男方或者女方。这类词数量比较少，如爱人、对象$_2$、老伴、家属、家人、亲人、心上人、意中人。

2. 双方类

记作 II 类。待测名词只能进入框架 4，支配有主从关系的双方，并可转指双方，故称双方类。

构词上由表配偶、血亲、姻亲以及成对社会关系的成分加合而成，有学者把这类词称为互逆性关系名词（张谊生，1996）、加合互称名词（张爱民，2000），如夫妻、父子、叔侄、师生。

3. 三方类

记作 III 类。与前两类不同，待测名词只能进入框架 5，支配有领属和主从关系的三方，故称三方类。词语本身可转指其中有主从关系的双方，如父母、兄嫂。

4. 兼类

a. I 或 II 类

能进入框架 3、框架 4。可分成：交好类，如情侣、伙伴、朋友。仇敌类，如敌人、对手、冤家。亲近类，如血亲、亲属、本家。

b. I 或 III 类

能进入框架 3、框架 5。该类仅"子女"一个词，《现汉》解释为加合型"儿子和女儿"。类似地，赵元任先生（1968）认为："父母、子女、兄弟、姊妹、夫妇、妯娌"这几个词，除了"兄弟"跟"弟弟"同义以外，其他词都不能用来指个人。其实，"子女"一词可进入框架 4，有转指一方的用法。例如：

　　小张是老张的<u>子女</u>。

c. II 或 III 类

能进入框架 4、5。这类词较少，有姐弟、兄妹、姐妹、姊妹。像"姐弟"指"姐姐和弟弟"，为加合型。例如：

大毛跟二毛是<u>姐弟</u>。（框架 4　加合型"姐弟"包括"二毛"本人）

大毛跟小毛是二毛的<u>姐弟</u>。（框架 5　加合型"姐弟"不包括"二毛"本人）

一般认为"姐妹"只有上述用法，《现汉》就是这样处理的。类似地，赵元任先生（1968）有这样一段表述："不能说：'这是我的姐妹。'如果在提到某人跟他的姐妹的场合，不知道排行谁大，就得说：'这是他的姐姐或者妹妹。'"

本书认为，"姐妹"在一定条件下可偏指一方，即除了加合型，还有偏指型。例如：

孙中山的母亲杨氏，有一**姐妹**嫁与外茔乡，认为孙、卢两家门当户对，便立意撮合其事。

由"姐妹"一词滋生出来的"小姐妹"也一样，例如：

和她同来的那个**小姐妹**说，大姐，别生气，不是她小妮不想在这干，是她没法在这干。

就在父亲四处张罗着为她准备婚礼时，小娟与一个**小姐妹**一起，悄悄逃跑了。

跟"姐弟""兄妹"等相比，"姐妹""姊妹"之所以能有条件增加偏指一方的意义，也许是因为"姐"与"妹"性别相同，就像下面要讨论的"兄弟"等词一样。

d. I、II 或 III 类

能进入框架 3、框架 4、框架 5。如兄弟、妯娌、连襟。

"兄弟"在普通话中有语音的分化：一偏弟型（xiōng di），偏指弟弟。只能进入框架 3。一加合型（xiōng dì），指哥哥和弟弟。可包括本人，只能进入框架 4；也可不包括本人，只能进入框架 5。如：

二毛是大毛的兄弟。(框架3 偏弟型)

大毛跟二毛是兄弟。(框架4 加合型"兄弟",包括"二毛"本人)

大毛跟小毛是二毛的兄弟。(框架5 加合型"兄弟",不包括"二毛"本人)

第六节 余 论

一、类别的系统性和连续性

以上选择对组构有用的若干特征及能够体现这些特征的框架把指人名词逐层分类,基本形成一个类别系统。如图4-3:

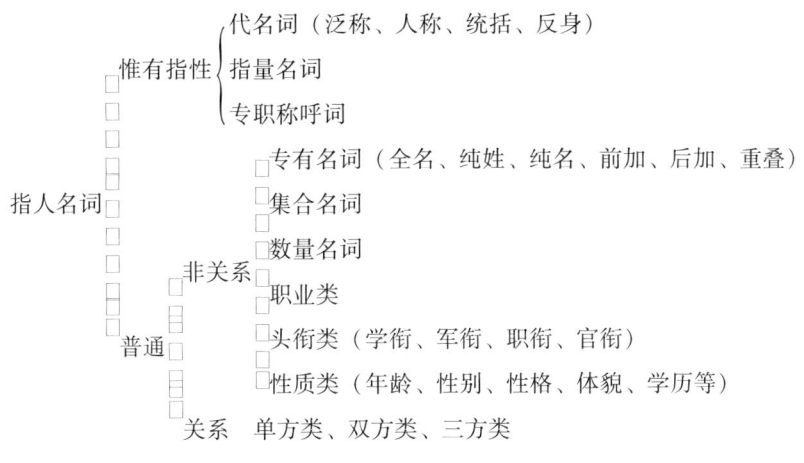

图4-3

从上文的讨论也可看出:用于分类的特征并不是那种完全排他的、二分的标准,而是个连续的标度,不同类的成员可能会具有其他类成员的特征,从而造成了类别之间的连续性、渐变性。比如,我们以可称呼作为有指性强的表现,并把所有能用于称呼的词都分出来(详见附录1),结果发现:专职称呼词只有称呼功能;专有名词整个一类都可用于称呼;头衔类名词绝大部分可用于称呼;

职业类名词次之，一部分社会地位低的职业不能用于称呼；性质类名词基本上都不能用于称呼，除非可用作人的绰号等；单方类只有小部分配偶、血亲词可用于面称；双方类、三方类都不能用作称呼。各小类指人名词的可称呼情况，正反映了从惟有指性到非关系再到关系指人名词，自左向右，有指性减弱，无指性渐强这一总的变化趋势。如图 4-4 所示：

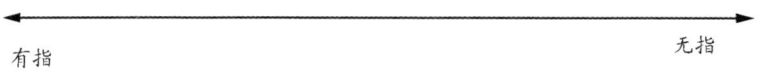

图 4-4

二、构词与类别

1. 构词可帮助定类

大量合称词都是关系类名词，这一点前文已有论及。此外，中心语素包含关系义的前偏后正式名词，也基本上都可归入关系类。例如：

  导师　恩师　业师　亡师
  益友　良友　故友　老友
  继父　后父　养父　生父

2. 构词只是辅助性手段

以构词来定类并不能保证总是有效。有些合称词并不是关系名词，例如：

  官兵　军民　干群　宾主

中心语素包含关系义的前偏后正式名词，如果修饰性语素的性质义比较强，整个词归作非关系类指人名词也可以。例如：

  严师　贤妻　慈父　孝子　长女　遗孤　劲敌

试比较以下三个词：

严师：指对学生要求严格的老师。
业师：称教过自己的老师。
恩师：称对自己有恩情的师傅或老师。

从词典释义看，后两个词强调"老师"与"自己"的关系，包含关系特征。框架测试也显示："严师"可进入框架1或2，为非关系指人名词；"业师""恩师"可进入框架3，为关系指人名词。

总之，类别的连续性及词语的构成特点等都会对词语的归类造成困难，但由词典释义出发，使用一定的句法框架，还是可以有效地确定词的用法及给词分类的。

第五章

指人名词同位组构的内部限制

以指人名词的属性分类为基础，把双名词语串在语流中组成各类短语结构（主谓、联合、偏正、同位）时所受的各种限制都搞清楚，是当前计算机对双名进行句处理时迫切需要解决的问题，也是我们研究的目的。由于主谓是弱势结构，分布很受限制；联合是无核心结构，一般有标记（停顿或连词等）；偏正相对来说研究比较充分；只有同位虽然非常重要，跟其他三类又都存在纠葛，研究却很薄弱，所以，本章和下一章将以同位为例，进行集中深入的探讨。

本章主要任务是提供内部规则，即给出双名能否进行同位组构的内部条件（如指人名词自身的属性类别、音节特征、位序等）。计算机运用这些规则可以先识别出候选成员，也就是在文本中初步标注出静态同位形式、静态非同位形式。这些形式在下一章将被置于动态场合中，接受外部规则的检验，有的能最终取得正式成员资格，成为动态同位形式，有的则不能满足规则限制，成为动态非同位形式。

本章的论证分两步展开：首先，现代汉语短语体系中，同位短语有没有必要独立存在？为此，笔者简要回顾了"同位"概念的历史，比较了一些重要观点，并提出了自己的主张。这是本章立论的前提。其次，肯定了同位短语有其独立的语法地位之后，接下来的问题是双名满足什么样的条件才可以同位组构？为此，笔者在前一章指人名词分类的基础上，从大量实例中总结出一些组构规律。

第一节 "同位"概念的历史

一、最早的论述

同位,也叫复指、复说、解说等,本书统一使用"同位"这一术语。有关现象最早在《马氏文通》(以下简称《文通》)中就有论述。

《文通》说:"凡名代诸字,所指同而先后并置者,则先者曰前次,后者曰同次。"从定义看,"同次"应该是指两个前后并置、所指相同的名词或代词中的后位词,但后面给出的"同次之用"与"同次之例"并不符合这个定义。首先,何谓"所指同",马氏并没有明确,用例相当庞杂。其次,"同次"之"同"不限于意义所指相同,像"庄公及公叔段"这样句法位置相同、意义所指不同的也被处理成同次。此外,同次的词性还包括作表语的静字(形容词),如"其文约,其辞微,其专洁,其行廉"。前次、同次的顺序也并不限于先后,如"右丞相陈平","右丞相"是加词、也是同次,却位于前次"陈平"之前。

二、60年代以前

以《文通》模糊不清的"同次"概念为基础,对同位的理解有三种模式。

1. 语法修辞平面

《文通》曾把"重言"作为"同次"中的一小类,其后的语法著作一般不认为此类属同位。而王力的《中国现代语法》《汉语语法纲要》提出"复说",是"凡意思或语言重复,有修辞上或语法上的作用者",主要讨论了有修辞作用的词语运用重复,对意思重复,只谈到"代词复指"。其"复说"概念包括语言重复(即用词重复)和意义重复,是当时对同位的最广义理解。

2. 句子平面

黎锦熙《新著国语文法》明确使用"同位"这一术语,"两个或更多的名词同在一个位置,而又同指一事物的,叫作同位"。他所界定的同位种类大大减少,只包括相加、总分、重指三种。

《暂拟汉语教学语法系统》和代表该系统的张志公先生主编的初中《汉语》

课本，把黎先生同位定义中的"同在一个位置"具体化为"作同一个句子成分"来定义复指成分，区分出重叠、称代、总分三类。虽然在类名和各类归属上跟黎先生的做法有些出入，但所论及的语法现象差不多。

吕叔湘、朱德熙《语法修辞讲话》比较注重成分之间意义所指的完全相同，因此，定义的同位成分排除了总分式，把它称作外位成分。增加了用"也就是""即""或"连接两个成分的语例。

简言之，他们对同位的理解比《文通》和王力《中国现代语法》明确，都强调了意义同指，因此讨论的语言现象不再显得杂乱。但对同位的界定都在句子平面进行，是某一句子成分（多为主语、宾语、定语等）的复说，或者是从特殊句子成分角度来谈现在所谓的同位短语。按这种观点来看，离开了句子，无所谓同位。

3. 短语平面

这一时期，也有一些著作在词组（短语）平面讨论同位概念。高名凯《汉语语法论》把同位关系叫对注关系，明确指出"词语的对注作用是把词语从句子中抽象出来，而仅说明这两个词语所生的关系的"，也就是说同位关系可以不依赖于句子平面而只在两个词语之间产生。此外，《汉语语法常识》（初版）、《汉语语法教材》也分别在主从关系和主从短语里讨论词语之间的同位关系。

三、近期

20世纪70年代末、80年代初，同位作为一种短语概念开始被越来越多的学者所认同，以致当时的教学语法都普遍采用了这种观点，比如当时出版的影响很大的四部高校教材全都列出了同位（复指）短语。[1] 1984年2月公布的《中学教学语法系统提要（试用）》也提出了复指短语。

20世纪90年代以后，大部分教材和专门论文都强调同位作为短语范畴，其形式应该是"紧靠在一起""紧紧相连"。范晓先生（1991）指出"复指短语里的复指成分是紧连着并在句中同作某个成分的"，因此要跟"不相连的复指"区分开。朱英贵（1994）认为相复指的两部分之间如果有逗号、破折号、冒号、跨句或跨行，都不是同位短语。这些说法的目的都是想使同位短语至少形式上

---

[1] 这四部教材是：胡裕树《现代汉语》（1979），黄伯荣、廖序东《现代汉语》（1980），张静《新编现代汉语》（1980），张志公三卷本《现代汉语》（1982）。

看起来更像其他短语。这时，只有少数教材仍认为中间有停顿和标点的同指现象是短语，像黄伯荣、廖序东（1991）提出的"松散的同位短语"。

第二节　同位短语的地位

同位作为短语概念被逐渐接受后，接下来的问题是：同位短语在现代汉语短语体系中有没有独立的语法地位？这涉及如何理解同位短语内部构成成分之间的意义关系。

一、归并说

（一）主张把同位归入联合或近似联合关系

一贯主张把同位归入联合关系的是张静先生。他主编的《新编现代汉语》（1980）没有列同位一类，只在联合词组中举了同位短语的例子。《新编现代汉语》（修订本）列出复指结构（即同位结构），但把它看成跟并列、递进、选择、连动、重复相对应的联合词组六个小类之一。张静（1987）认为让同位短语独成一类"有些不值得"，所以"建议把它合并到联合词组里，算解说关系或同位关系的联合词组"，这样，在联合词组内部可同其他联合词组相对应，"在联合词组外部也可以同联合复句里的解说复句相对应"。其最新编著的《实用现代汉语》（1996）仍坚持这样的观点。此外，吕叔湘（1979）认为联合关系包括并列、连续和复指关系。范晓（1980）也把联合关系分成并列、顺递、同位、重叠四类。

还有一些学者虽没有公开主张同位是联合关系的一小类，但认为同位比较接近联合关系。张志公（1982）认为复指、连动是与联合词组近似的词组，不过只是"形式上相同，实际关系不同"，这一主张在其主编的三卷本《现代汉语》中也同样得到体现。早在 20 世纪 40 年代，高名凯在《汉语语法论》中就把同位关系（他称之对注关系）看成是跟并列关系、联络关系相近的一种外在关系。联络关系只能就复句而言，也就是说，在短语平面，同位关系跟并列关系最接近。

另外，高名凯认为对注的作用是"重言以解前文"，先出现的、等待解释的受注者是主要的,后出现的、去解释前者的对注者是次要的,其去取对句子的主要结构成分不发生影响。在承认同位关系跟联合结构关系密切的前提下,再讨论成分的轻重、主次,这一观点比较独特。

(二) 主张把同位归入偏正或近似偏正关系

把同位倾向于看成偏正关系的,一般认为成分之间不平等,有主有从、有偏有正。但如何断定哪一个是主要成分,则有不同做法。

观点一:以意义等定中心。自《文通》在"同次"中分出"本名"和"加词"后,早期谈同位的基本上都接受这种观点。黎锦熙《新著国语文法》中说"本名"与"加名"的区别,"须览全句的意义而定"。其后在跟刘世儒合编的《中国语法教材》中又说:词义比较具体的是本名,比较抽象的是加名。但意义标准主观性太强,很难把握。吕叔湘《语法学习》同时使用了词序和停顿两个标准,解释起来也不是很有说服力。

观点二:以词序位置定中心。这种观点认为,同位短语像普通的偏正短语一样是前位修饰后位,后位是中心语。李人鉴(1986),黄河(1992),高更生、王红旗(1996)以及刘泽民(1997)在各自认定的同位短语范围内,证明前项对后项具有或限制(限定)、或描写(概括、说明)等修饰关系。其中,李人鉴(1986)、刘泽民(1997)进一步强调同位关系就是偏正关系,同位短语应该取消。

这些观点跟高名凯恰成对比,高认为同位短语中,后位永远说明前位,前位是"本词",即中心语。

观点三:以专有名词定中心。朱殷(1984)缩小同位短语的范围,主要包括高更生、王红旗后来提出的绝对复指那一类,其余归入他自己新立的"加位词组"中。从分析结果看,所谓加位词组,是偏正关系,而且基本上以专有名词为中心,随着专有名词位置的变化,分别构成前修饰后、后修饰前两种情况。张发明(1992)认为同位短语的语义构成是泛指意义说明特指意义,比如,"著名历史学家周谷城先生","著名历史学家""先生"是泛称意义部分,分别从职业和交际称呼两个方面来说明特指意义部分"周谷城",也就是普通名词修饰专有名词。

观点四:同位性偏正结构。上述三种做法都是在努力寻找同位短语跟普通偏正短语的共同点。而朱德熙《语法讲义》认为,同位短语可归入偏正短语,但要算作特殊一类——同位性偏正结构。结合朱先生《关于向心结构的定义》一文，可知，同位结构跟联合结构有相同之处：二者都包含不止一个中心。如果采用这种看法，那么还有没有必要在同位短语中找出一个中心就很值得考虑了。可是，北京大学编写的《现代汉语》教材一方面认为"我们共产党人""老孙头我"是同位性偏正结构；一方面又认为代词是固定的复指成分，这两例中复指成分一个在前、一个在后，似乎还是承认有一个中心的。

（三）根据同位短语的不同构成而分别归入不同结构关系

赵元任先生（1968）区分出三类同位：a. 紧密同位，如"李大夫"，第一个成分修饰第二个成分，是主从词组或复合词。b. 松弛同位，如"文学院长陈方伯"，是并列式结构。c. 补插同位，如"他们外国人不会吃瓜子儿"，补插语"外国人"前头可加"是"或"就是"，是谓语。这样，三类同位分属偏正、联合、主谓结构。

二、独立说

认为同位短语近似于偏正或联合关系的，一方面保留了同位短语作为独立结构的资格，另一方面却又不肯承认同位短语有独立的结构关系，可称之为准独立说。

持严格独立说者都肯定同位短语有着既非偏正也非联合的关系。本书查阅了目前通行的 30 余种现代汉语教材①，这些关系归结起来有：互相补充、说明、注释、解说；同一关系；同位关系；复指关系；同位复指关系；等等。但到底如何理解这些关系，教材大都没作进一步的解释。专门的研究论文中，朱英贵（1994）把同位界定为语言单位在语法结构上的联系，而复指则是语义上的联系。刘街生（2004）认为同位关系就是一种既有一定修饰性、又有一定并立性

---

① 为节省篇幅，出版地和出版时间不列，书名为《现代汉语》者亦从略，一种教材有修订本和增补本的只算一种。这些教材按主编者音序排列为：安徽大学中文系现代汉语教研室，北京大学中国语言文学系现代汉语教研室，北京师范大学现代汉语教研室，陈必恒等，陈垂民、黎运汉《新编现代汉语》，高更生等，何世达，胡裕树，黄伯荣、廖序东，江西大学中文系，林祥楣，陆仁昌《现代汉语教程》，钱乃荣，陕西师大现代汉语编写组，上海教育学院，史锡尧、杨庆蕙，孙仁生《现代汉语新编》，王燕南《现代汉语简明教程》，武占坤，邢福义（高等师范学校教学用书），邢福义，邢公畹《现代汉语教程》，徐青，杨润民、周一民，周靖，张斌，张静《实用现代汉语》，张静《新编现代汉语》，张志公，中山大学中文系，等等。

的关系。

第三节 现存的问题

从上面的简介可知,同位作为严格的短语概念已日益为人们接受,同位短语的独立地位基本上也已确立。可迄今为止,仍有人在广义上使用同位概念(吴竞存、梁伯枢,1992),还有少数人坚持同位短语不该独立。这说明,有关同位短语的一些基本问题并未完全解决。

一是构成形式。强调同位短语构成成分形式上"紧紧相连",这只是保证同位作为短语从篇章同指、句子成分远距离同指等概念中分离出来的必要条件,并不足以让它跟其他短语区分开。至于其内部构成,下一节将介绍一些不同观点。

二是意义关系。同位关系是平等并立的、有主有从的,还是兼平等与并立于一身的,目前的种种说法都不是很有信服力。把同位看成(准)联合关系的,认为成分之间无主次,可却无法解释有的同位短语构成成分确实存在一个描写性强,另一个定指性强的现象。如"贫嘴张大民",前一成分"贫嘴"很明显要比后一成分"张大民"修饰性强。而把同位看成(准)偏正关系的,承认成分之间有主次,但主次的区分又没有客观标准,大多仅凭各人的语感而定,造成对同一形式内部意义主次的判定完全不同。笔者认为,最好能区分不同构成形式分别讨论相应的意义关系。

同位的情况比较类似连动结构,后者跟动词连用构成的状中、联合结构的区分一直是个难题。同位的地位也是"一直有人主张取消它,也一直没取消得了",反而是"终于赖着不走了"。所以,对待同位不妨像对待连动那样,"给它划定界限。凡是能从形式上划成别的结构的,就给划出去",留下来的,就"同时说明意义上的主次"(吕叔湘1979,着重号为引者加)。

第四节　指人名词同位组构模式

一、关于同位短语的构成

（一）计算语言学界

吴蔚天、罗建林（1994）认为如果名词与代词符合一定的语义关系就是同位语形式。同位语的语法形式有三种：名词＋代词、代词＋名词、代词＋代词。

王惠（1998）在介绍机器识别"名词＋名词"构成的结构关系时，谈到同位结构。规定同位结构只能由专有名词与个体名词构成，组合方式为：专有名词（指人/空间）＋个体名词（职位/称呼/空间）；个体名词（职位/空间）＋专有名词（指人/空间）。再结合俞士汶等（1998）对语法信息词典的一段说明：职业名称"编辑、作家、工人、解放军、学生"等前加人称代词，严格讲是同位结构，广义看则是具有修饰关系的定中结构。

可见，这两种观点很不相同。前者认为同位语形式必须要有代词出现，后者却认为代词并不是同位短语构成的必备成分。

（二）汉语语法学界

汉语语法学界认为，同位短语不仅可由名词性，也可由谓词性成分构成。叶南薰（1985），范晓（1990、1991），高更生、王红旗（1996）都列出了"谓＋名"形式。一部分现代汉语教材也列举了这种形式，不过大多讨论的是"谓词性词语＋名词性词语"，"名"包括了数量名、指量名及指数量名这样的名词性短语，而不是光杆名词。只有高更生、王红旗认为"吃饭问题、助残活动、学雷锋行动"这样的"谓词性词语＋光杆名词"的形式是同位和定中短语的同形结构，分化办法是："吃饭"与"问题"之间可插入"这个"时，是同位短语；可插入"的"时，是定中短语。

总之，由两个名词性成分构成的同位短语一直是讨论重点，涉及的形式有：名＋名、代＋名、名＋代、代＋代。同样，这些"名"也不限于光杆名词。

随着研究的深入，集中讨论光杆名词同位组构的文章越来越多，又由于指人同位是同位短语的重要部分，所以有一些文章重点讨论指人名词构成的同位结构（马庆株，1991；储泽祥，1998；杨敬宇，1998；等等），但这些讨论所确定的同位短语都存在着不少差异。

二、指人同位组构类型

以前人时贤的研究为基础，本节将尽力勾勒出双项指人名词静态同位组构的全貌，具体做法如下：

首先，在双项指人名词并置构成的静态同位形式"名1+名2"中，笔者把名1所在的第一个位置称为前位，名2所在的第二个位置称为后位。以后位作为相对固定的观察点，考察前位上的变化情况。

这样做的好处是便于跟双名构成的主谓、偏正等结构形成比较。我们知道，主谓是谓词为核心的结构、汉语偏正结构中心语在后，也就是说这两类结构的中心都在后位上。同位结构到底有没有中心？中心又在哪个位置？这些问题一直争论不休，通过与中心明确的结构的比较，也许会找到答案。

其次，以前一章指人名词类别系统的描写为基础，由大类到小类，逐类考察指人名词对位置的选择情况。

最后，鉴于对静态同位形式的构成一直存在着不同看法，本章确定某种形式是否同位的主要依据有：a. 从已标注了短语句法功能和句法结构关系的汉语语料库中抽取同位短语，并把复杂的同位形式进行过滤，整理出双名构成的同位基本组成模块。比如，我们从语料库中抽到 [[[[同 他] 结婚] [38 年] 的] 妻子] 爱玛]，这是一个复杂同位形式，基本构成为"单方类关系名词为中心的名词性短语＋专有名词"，为了识别，需要把它转化为双名构成的线性模板，即"单方类关系名词＋专有名词"。b. 鉴于经过句法加工的语料数目比较有限，我们又从经过词语加工的汉语语料库中抽取双名词语串，再人工选取同位形式。c. 选取一些有代表性的指人名词，在一千余万字的大规模真实文本中检索，以确认某些有争议的同位形式是否真的可以成立。如袁毓林（1994）认为，"他父子"之类"单数人称代词＋双方类关系名词"的组合不能成立，可是通过对一些典型的双方类关系名词的检索，证明上述用法是很多的，据此，该形式可看成是静态同位形式。d. 本节所确认的静态同位形式基本上按照语料中出现频率的高低以及为研究者公认程度的高低顺序逐类描写。

（一）X + 惟有指性名词

1. 惟有指性名词 + 惟有指性名词

惟有指性名词包括代名词、指量名词和专职称呼词，这三类两两组合，有九种可能：

表 5-1

名₁ + 名₂ \ 名₂ \ 名₁	专职称呼词	指量名词	代名词
专职称呼词	?	?	+
指量名词	*	*	+
代名词	+	+	+

表 5-1 中，*表示不能同位组构；? 表示实际语料中极其少见；+ 表示常见的同位组构。这只是就三类组合的大致情况而言的，其内部小类还有更细的差异。以下按表中七类同位组合（包括带有问号的低频组合）出现频率高低依次讨论：

A. 代名词 + 代名词

代名词有泛称、人称、统括和反身。这四类组成的合法同位形式有：

A1. X + 人称代词

人称代词位于名 2 位时，一般不与其他代词组合。偶尔可见 X 为泛称代词"人家"，人称代词为"他们"的例子。例如：

你看看**人家他们**是怎么做的？（刘街生例）

A2. X + 统括代词

X 可为泛称代词、人称代词。X 为泛称代词"人家"的例子并不多见，例如：

人家大家给你把苗锄出来，如今秀了一半穗了，你也不锄二遍。（叶南薰例）

复数人称代词与统括代词"大家、彼此"的组合极为常见,如:

我们大家 你们大家 他们大家 她们大家 咱们大家 咱大家
我们彼此 你们彼此 他们彼此 她们彼此 咱们彼此 咱彼此

A3. X + 反身代词
X 可为泛称代词、人称代词和统括代词。
"人称代词+反身代词"组合最自由,反身代词为"自己、自个儿、自身"的组合已很多见,以下列举反身代词为"本人、本身、个人"的组合实,例如:

他们本人,便是一部历史呢。
我不知道她的祖宗八代,也不想知道,那些对我一点意义也没有!我所重视的,只有**她本身**!
我借他自己的一句话来形容**我个人**的心得。

"泛称代词+反身代词",例如:

正因为他无权干涉素荷与什么样的人相处,哪怕谈婚论嫁也是**人家自己**的事,与你何干?

"统括代词+反身代词",例如:

一夜间,大伙动手为我把扎挑破的戏衣全部缝补好了,丝绒都是**大家自己**出钱买的。

A4. 统括代词+统括代词
统括代词内部有组合的可能:

情也融融,酒也醉人,**大家彼此**一下子拉近了距离。

A5. 反身代词+反身代词

反身代词内部可以组合。

他这时所创作的第一部小说《幻灭》在《小说月报》上发表时，由于**自己本人**正受到蒋介石国民党政府的通缉，便用了一个笔名"茅盾"，茅盾从此与他的本名沈雁冰一样为世所知。

结合第四章的图 4-1，可发现代名词内部同位组构规则：第一，泛称代词是惟前位名词（只能在名 1 位出现），反身代词是惟后位名词（只能在名 2 位出现），人称代词、统括代词分别倾向于居前位、后位。第二，可以居后位的代词处于名 2 位时，能在名 1 位出现的代词是连续统上位于其左端的词。

以上规则可以解释合法形式不同的出现频率。实际语料中，A1、A2、A3 三种组合的出现频率为：A1＜A2＜A3。原因在于 A3 满足了惟后位反身代词占据后位的要求，A2 满足了倾向于后位的统括代词占后位的要求，只有 A1 是倾向于居前位的人称代词反而出现在后位上。

A4、A5 反身代词和统括代词自相组合似乎是规则二的例外，其实这说明统括、反身代词内部并不是匀质的，功能上还可分出更小的类。① 这些小小类的组合仍然符合规则二。

B. 代名词+指量名词

指量名词在连续统上的位置介于统括代词和反身代词之间，功能上也介于二者之间。

B1. 泛称代词+指量名词

"人家"多跟远指代词"那"构成的指量名词组合。例如：

人家那人　人家那些人

---

① 刘街生（2004）基于反身代词内部的差异，把"自己"等称为反身代词，把"本人、本身"等叫自身代词，连续统上，反身代词位于自身代词的左端。同位形式"反身代词+自身代词"符合规则二。可参见刘街生：《现代汉语同位组构研究》，华中师范大学出版社 2004 年版。

B2. 人称代词 + 指量名词

单数人称代词时,量词为"个、位"等表个体的或"种、类"等表类别的。例如:

我这个人　他这类人

复数人称代词时,量词为"帮、伙、群、些"等表群体的或"种、类"等表类别的,指示代词可以为"每、各"等。例如:

我们这种人　他们那群人
你们**各位**都去实行你们的私人计划吧,不用管我了。
他们**每个人**都以自己的方式祝福着我,希望我快乐、幸福、安定。

B3. 统括代词 + 指量名词

"大家"表多数义,多选择表群体的量词。例如:

大家**这些人**聚在一起也不容易,应该好好相处。

B4. 反身代词 + 指量名词

"自己"可与指量名词组合。

事实上,她早就知道**自己这人**的毛病是心肠太软。

上述四种组合中,B2 出现频率最高。

C. 代名词 + 专职称呼词

专职称呼词主要有敬称、泛称、假亲属称。

C1. 泛称代词 + 专职称呼词。例如:

瞧**人家老人家**都乐糊涂了,好端端得笑个不停。

C2. 人称代词+专职称呼词。例如：

您老人家对中医的研究很有成就……
同**你老弟**说实话，要是能够自由进退，我倒真想回老家算了。

其中，代名词跟假亲属称组合，有可能是定中与同位的同形结构。
D. 专职称呼词+代名词
D1. 专职称呼词+人称代词
多与单数第一、第二人称代词组合。如：

"搭帮兄弟们啊，**老弟我**才万难混了碗饭吃。"
"我朱某能有今天，都是仰仗**兄弟你**提携啊。"

D2. 专职称呼词+反身代词

不论是不是**先生自己**的著作和译作，或者是经过先生之手，出版的期刊、别人的著作和译作，总是尽力做到装帧上的独到精美。

E. 指量名词+代名词
E1. 指量名词+人称代词。例如：

他怎么可以这样呢？**这个人他**怎么可以这样呢？！

E2. 指量名词+反身代词。例如：

这人自己分不清善恶是非，还对别人恩将仇报。

F. 专职称呼词+专职称呼词
敬称表示对人的尊敬，泛称是对人的普通称呼，二者不能兼容，所以无法构成同位短语。假亲属称与敬称、泛称组合时，以居名1位为常。

F1. 假亲属称 + 敬称

这种组合多用于关系十分亲近的人之间，带戏谑色彩。例如：

老弟大人，都几点了，还不起床？

F2. 假亲属称 + 泛称

有性别之分的假亲属称与泛称组合时，性别要求一致，也就是储泽祥（1998）提出的兼容性。例如：

老兄先生　嫂夫人

G. 专职称呼词 + 指量名词

阿姨这个人我晓得，她绝不会和你离婚的。

总之，结合表 5–1 和以上讨论，可发现惟有指性名词同位组构规律：

规律一：代名词是同位短语的最优选构成成分，频率较高的同位短语形式（A 至 E）都包含代名词，频率最高的同位短语（A）完全由代名词构成。其中，人称代词的组合能力最强，可以跟各小类惟有指性名词组合，位置上也没有限制。

规律二：指量名词和专职呼称词是同位短语次优选构成成分，它们与不同小类的代名词均可构成典型的同位短语（B、C、D、E）。

规律三：代名词（泛称代词除外）、指量名词和专职称呼词构成同位短语时，都倾向于在名 2 位，竞争的结果是产生 B/E、C/D 这样的逆序形式，且出现频率难分高下。

规律四：专职称呼词自身以及与指量名词之间的组合非常受限制（F、G），指量名词在前位时，自身以及与专职称呼词之间根本无法组合。

2. 普通指人名词（关系名词/非关系名词）＋惟有指性名词

非关系名词中的数量名词、集合名词，关系名词中的双方类名词（包括兼有 II 类用法的名词）不能在前位与后位的惟有指性名词组合。

A. 普通指人名词 + 代名词

A1. 普通指人名词 + 反身代词

除数量名词外，其他各类普通指人名词都可以跟反身代词"自己、本人"等组合，这是最常见、最自由的组合形式。例如：

乔冠华的国际述评，在当时自然有较大的影响和进步意义，但是乔在国际评论方面的个别文章也有失误，**乔本人**这样说过："我自己在这方面就犯过不少错误"。(专名+反身)

人民自己的事情自己做主。(集合+反身)

所以，半年前开始，送信的事只得由**村长自己**捎带着干了。(头衔+反身)

承包期内，**司机本人**负担维修和汽油费用。(职业+反身)

所以别人当然不如**名人自己**站出来写好。(性质+反身)

父亲自己，大约也吃三碗。(单方+反身)

为了晚间不影响她休息，**小两口自己**动手和了沙泥，把本来不很隔音的墙壁抹了又抹。(双方+反身)

A2. 普通指人名词 + 人称代词

A2–1. 非关系名词、单方类关系名词与单数人称代词组合时，前后两项所指相同，可构成等同复指。例如：

要她离开舞台，看别人翩翩起舞，而不能让自己去抒发感情，**沙呷她**做不到。(专名+代词)

我这饭碗还不是**书记你**给的，我可不敢让它变成石头来砸自己的脚。(头衔+代词)

问了好几声，**售货员他**也爱理不理的。(职业+代词)

胖子他今晚要辅导孩子功课，不能来玩了。(性质+代词)

A2–2. 与复数人称代词组合时，以"他们"比较常见。"X+他们"表示"由名词X确定的一个人以及与之相关的其他人所构成的一群人"。前后两部分所指不同，是不等复指。以专名为例：

全名 + 他们　邵飞他们　段莉娜她们

纯姓 + 他们　罗他们

纯名 + 他们　致秀他们　伯健他们　友岚他们　蕙英他们

前加 + 他们　小方他们　老张他们　阿威他们

后加 + 他们　雪姨她们

重叠 + 他们　妙妙他们

A2 – 3. III 类关系名词只能跟 "他们" 组合，有歧义。如，"父母他们" 可以是等同复指，"父母" 即 "他们"；或者是不等复指，表示 "父母以及与之相关的其他人"。

大部分学者都承认 "名 + 人称代词" 为同位组构形式，只有李人鉴先生（1986）认为 "名 + 单数人称代词" 不能构成一个语言单位，代词是插入语。如果联系复数人称代词的情形来考虑，复数人称代词的作用显然不止于补充插入，因此，还是把它们统一处理成同位短语比较好。

B. 普通指人名词 + 指量名词

普通指人名词在前位与指量名词组合，是非常常见的组合形式，以专名为例，如：

B1 – 1. 等同复指

毛森此人，城府很深。

他是很了解**胡筠其人**的。

B1 – 2. 不等复指

她要嫁男人就嫁给**陈思翮这样的人**。

他忽略了人性，他太天真，永远弄不清像**维珍这种人**的心理。

刘街生（2004）认为 B1 – 2 形式为定中结构，因为该类结构的语义中心在后项，前面对后面修饰说明，而同位结构（如 B1 – 1）语义中心是前项，后项对前项有补充说明作用。笔者认为，这个理由不是很充分，因为同位结构的语义中心并非一定都在前项,若再考虑到单数、复数人称代词在后位可以与名词构成等同、不等复指等情况,把 B1-2 形式处理成跟 B1-1 一样的同位形式也是可以的。

C. 普通指人名词+专职称呼词

关系名词基本上不与专职称呼词组合。非关系名词中,除数量名词、集合名词外,其他名词都可以后加专职称呼词。

C1. 关于"专名+专职称呼词",多数学者以及当前比较通行的现代汉语教材都是把它处理为同位形式的。例如:

林则徐大人(专名+敬称)

鲁迅先生　成武同志　萍云女士　关德兴师傅　周同学(专名+泛称)

赵胜老大爷　邓颖超妈妈　高峰叔叔　荷花阿姨　王小英大嫂　唐国强老弟　王姬姐姐　小吴哥哥(专名+假亲属称)

朱英贵(1994)则认为,此种形式"不宜看作复指短语",前边限制后边,是偏正短语。这代表了部分学者的看法。

还有人认为这种形式是固定短语,如《汉语》课本说:"姓名后边加上称谓或者职衔等这种结构,整体性更大,属于一种固定词组,不算复指成分"。另有人则主张分别对待:姓名或者名字后边是同位短语,姓氏后边是复合名词或固定短语,像范晓先生(1990、1991)就区分为复指短语和称谓词。但正如郭绍虞先生(1979)所言"说是词组,但在语感上还是可以当作一个词看的,这就已经有些混淆了"。其分别对待的理由,主要是认为单音节纯姓是不能单说或单用的语素,其实吕叔湘先生早在《中国文法要略》中就注意到"近来因为受西文的影响,语体文里也看得见'张''王'等等简称,甚至有些人的口语里也有了"。

考虑到目前语料库中的姓氏都单独标注以及单音节姓氏跟其他专名形式有比较多的相同用法,可以把它们统一处理为同位短语。

C2. 其他非关系名词(头衔、职业、性质)后加专职称呼词的形式,当前通行的现代汉语教材基本上都没有收入,说明这种形式在大多数人看来不够典型。不过,马庆株(1991)、储泽祥(1998)、刘街生(2004)等一些研究性的论文却将它处理为同位短语形式。例如：

头衔 + 敬称	总统阁下 首相大人
+ 泛称	主席同志 上校先生
+ 假亲属称	经理老弟 乡长兄弟
职业 + 敬称	律师阁下
+ 泛称	售货员小姐 铁匠师傅
+ 假亲属称	警察伯伯 民警阿姨 解放军叔叔 导演大叔
性质 + 敬称	清官大人
+ 泛称	党员同志
+ 假亲属称	工人老大哥 农民兄弟 房东老大爷

C3. 由于专职称呼词主要用于社会关系的称呼，单方亲属关系的词以及三方类名词语义上不能与之兼容，所以正常情况下基本不组合。偶然可以见到一些例子，一般都带有某种特殊的感情色彩，如：

从老祖父一咽气，我母亲就对我父亲说，让他准备和叔叔们分家，可是我的**父亲大人**从来不问家事。

老婆大人，我下次再也不敢了。

这个靠了数学高分和几分幸运的考前瞎猜又回到文学世界来的白先勇，还要面对**父母大人**这一关。

有些专职称呼词跟关系词同形，因此有歧义。例如：

周佩箴乃**王弘之同学**的父亲，是孙中山委任的第一任中央银行行长。

这个句子中的"王弘之同学"可能是同位短语，也可能是领属性偏正短语。同样，"乡长兄弟"等细究起来，有三重歧义：一是同位短语，是对某位乡长比较亲昵的社会性称呼或者称呼自己兄弟的职务。二是领属性偏正短语，即"某位乡长的兄弟"，如"乡长兄弟昨天找了乡长好几次"。三是同一性偏正短语，即"(某人的)兄弟是乡长",例如:"我的那位乡长兄弟对我这个大姐也毫不留情面"。语音上能够分得比较清楚:第一个意义时,重音在前;第二个意义时,重音在后;第三个意义时,两可。

综上,"普通指人名词+惟有指性名词"内部同位组构规律可以总结如下:

规律一:非关系名词中的数量名词、关系名词中的双方类名词(包括兼有Ⅱ类用法的名词)一般不能进入前位与惟有指性名词组合。

规律二:代名词(人称代词、反身代词)、指量名词、专职称呼词都可在后位与普通指人名词组合。

规律三:代名词、指量名词、专职称呼词在后位组合成的同位短语,自由度、可接受度有差异。反身代词构成的同位短语最自由,基本上无争议;人称代词、指量名词有一些限制和争议;专职称呼词引起的争议较多,特别是与关系名词同形的专职称呼词,易与其他结构同形。

(二) X+非关系名词

1. 惟有指性名词+非关系名词

惟有指性名词中,指量名词、专职称呼词均不能进入前位,代名词中也只有泛称代词、人称代词可以进入前位与各类非关系名词组合。

A. 泛称代词+非关系名词

人家阿华比你好几十倍。(+专名)

你把**人家一个人**留在家里,算怎么回事?(+数量名)

人家书记根本不理这份情,冷着脸蛋子反问他……(+头衔)

从上一年级开始,她就没考过60分,**人家教师**都感到奇怪。(+职业)

总之就是一句话,我不能认死扣,强迫**人家姑娘**来喜欢我,输了就输了,我认栽!(+性质)

B. 人称代词+非关系名词

回忆先烈的遗言,对照**我们人民**的生活条件,我为自己未能多做一点工作而感到内疚。(+集合)

未见过书的内容而写序的可能就是**我一人**。(+数量名)

柳秘书长,**您领导**了解我,但各处的负责人不一定都了解我。(+头衔)

你们女孩子,一惊一乍,尽是自己吓唬自己,怎么不学学麦考尔?(+性质)

关于这种形式,赵元任先生(1968)认为是补插式的主谓结构,李人鉴先生(1986)认为是插入语。我们认为这种看法是有道理的(特别是当名词为性质类名词时,理解成主谓结构的可能性更大一些)。"代+名"这种形式确实是同位、主谓(有时是偏正)的同形结构。以"代+专名"为例。

你根本不配做**我华又琳**的丈夫。(同位)

他便挂了裴大年的电话:"喂,贝先生?**我朱怀镜**。刚才看了你的光辉形象,很不错的。"(主谓)

领属性偏正关系暂不考虑。从实际搜集到的语料来看,这种形式表现 NP 功能的机会要多于小句功能,即实现为同位的机会要多于主谓结构。如:

您为什么救了**我刘小虎**的两次命?

她苦苦地等待了三十八年,结果想不到等来了一个骗子,把**她陈传青**全毁掉了。

此外,下面这些情况也支持我们把"代+非关系名词"看成同位短语:"单数人称代词+数量名词"形式有不等复指的用法。例如:

要说吃饭,还是我在**你二位**手上讨饭吃哩!

她二人心里都明白,老爷子最疼金枝。

他还认为就是把**他三个人**绑在一起,也不是自己的对手。

当数量名词为"两个、三个"时,可以合写为"俩、仨"。例如:

我俩　你仨

所以，我们把"代+非关系名词"看成同位短语，但它不是典型的静态同位形式，有其特殊的语用表达功能。①

2. 非关系名词+非关系名词

A. 非关系名词+专名

A1. 专名+专名

"胡先生？哪一位胡先生？"孟玮不解地问。"孟先生，您别装糊涂了，**就是胡全胡先生**。"

刘街生（2004）认为把这种结构视为联合结构也未尝不可。基于构成成分之间具有同指特征，前一成分一般是全名，后一成分从某一角度进行补充说明，跟一般的联合结构有很大的不同，本书认为，处理成同位比较恰当。再如：

武松武二郎　陈志元陈经理　吕薇吕小姐

A2. 光杆名+专名

头衔、职业、性质等光杆名词都可以在前位与专名自由组合。例如：

警长马利民立即赶到现场。（头衔+专名）
警察小赵一定会问我你在十二月二十七日干了什么？（职业+专名）
这肤色成为他的标志，一般人都称他作"**黑豹陆振华**"。（性质+专名）

其中，性质类跟专名组合时，是同位短语还是同一性偏正短语有时似乎是两可的。例如：

---

① 参见陈群：《"我（你、他）+姓名"的表达功用》，见《语文学习》编辑部：《语言大观》，上海教育出版社2000年版。

贫嘴张大民的幸福生活。

认为名1和名2是从两个不同角度同时指称同一实体者,常把"贫嘴张大民"看作跟同位短语"大夫黎竹荪""燕子李三"相近。认为名1修饰名2者,倾向于把上述短语理解成跟偏正短语"青年医生""贫嘴小伙"相近。有人尝试用能否加"的"来区分同位和偏正短语,能加"的"为偏正,不能加"的"为同位,但这一办法对鉴别这类短语并不管用。

B. 非关系名词+数量名词

除了集合名词外,各类非关系名词都可以与数量名词组合。一般要求数词为"一",为等同复指。例如:

世界上的女孩子又不是只有**范书婷一个**!
如今**大先生一个人**在塘沽,好好作事呢,也许他就学好了。

有时,也可以跟"二"以上的数词或"几"组合。这时,是不等复指。例如:

对**世纬二人**的问题,完全答非所问。
斯诺一行顺着延河向百家坪方向慢慢走去。
王有福几个人进屋去捆姜雪桃,老孔头自己返回村办公室,和村干部们研究明儿怎样接待那些日本人。
"**朱处长二位**好走。"

C. 非关系名词+光杆名

C1. 专名+光杆名

大部分头衔名词、职业名词中的可称呼且可组合名词、性质名词中的一部分可称呼名词,均可在后位与专名组合。例如:

专名+头衔　胡适博士　李克农将军　华罗庚教授
专名+职业　"**李慕唐医生**在吗?"
　　　　　我说**小赵警察**你可以帮我买包烟吗?他说不可以。

专名+性质　刘胡兰烈士　梁三老汉　石澜老人　青青姑娘

这种构成，有人认为是偏正短语或固定短语，具体情况可参看上面关于"专名+专职称呼词"的论述。

C2. 光杆名+光杆名

储泽祥（1998）把"性质+头衔""头衔+性质"等都处理成同位短语，例如：

性质+头衔　党员博士　万元户博士
头衔+性质　博士党员　博士万元户

马庆株（1991）认为前一种形式是同位，后一种形式则是主谓结构。例如：

性质+头衔　党员校长　团员班长
头衔+性质　校长党员　班长团员

笔者认为，头衔、职业、性质等非关系光杆名词组合时，整个结构的有指性并不强，还是把它们从同位短语中排除出去算作同一性偏正短语比较好。

3. 关系名词+非关系名词

A. 单方类+专名

朱怀镜吃了晚饭，对**老婆陈香妹**说声晚上要开会，就奔南天而去。（配偶+专名）

他说是**嫂子林歌**让他去的天津催订一车海鲜。（姻亲+专名）

当萨缪尔在密西西比河当轮船领航员时，同行中有位**老前辈艾赛亚·赛勒斯**深为大家所敬重。（社会关系+专名）

朋友林逊见他年事已高，仍孑然一身，便暗中帮他物色对象。（友朋类+专名）

B. 单方类 + 数量名

当数词为"一"时,是等同复指的例子。如:

深夜我在自己房里听见**大哥一个人**坐进放在大厅上的轿子、打碎窗玻璃的时候,我不能控制自己,便在练习簿上写下一些不成篇的长诗。

有时,跟"二"以上的数词或"几"组合,是不等复指。例如:

最后,只剩下**父亲几个人**还被关在牛棚里。

C. 双方/三方类 + 数量名

配偶类以及"父母"类关系名词习惯上要求数词为"二、两、俩"。例如:

夫妇二人以沫相濡,互相鼓励着,度着这艰难的日子。
父母俩都是工人,他们一生勤俭。

其他双方类、三方类名词要求数词至少为"二"或以上的数字。例如:

他望着孩子津津有味地吃着,不禁悲从中来,难道这是**父子四人**"最后的晚餐"?
祖孙五人,终于紧拥在一起了。
她把**子女八个**全部拉扯成人。
姐妹几个牵着狗,走出了大门。

(三) X + 关系名词

1. 惟有指性名词 + 关系名词

能够以光杆形式跟惟有指性名词组合的,只有(兼)双方类关系名词。

A. 泛称代词是前位名词,可以进入上述句法槽。例如:

哪有这样不识趣的丫头,杵在**别人夫妻**中间碍手碍脚!

只要能联姻成一家人，咱们就可以照顾**人家母女**一辈子了。

人家恋人之间的事，你管得着吗？

B. 复数人称代词进入上述句法槽，构成等同复指的例子非常普遍。例如：

聚散由天定，我感激老天爷的决定，决定**咱们夫妻**是聚不是散呵！

从此，母亲又每天自己画荷花、读书，还给**我们弟兄**讲唐诗。

你们姐弟什么事都瞒着我！

反正，我还会把**她们母女**都争取回来的！

C. 袁毓林（1994）认为，"小李父子"中，"小李"既可以是"父"的参照名词，"小李父子"相当于"小李和他父亲"；也可以是"子"的参照名词，"小李父子"相当于"小李和他儿子"。"小李"语义参照关系不明确，所以不能被称代化为"他父子"，也就是说，"他父子"之类组合是非法的。可事实上，单数人称代词进入上述句法槽，构成不等复指的例子相当多。例如：

我们在临汾打扰**他夫妇**五日，连支香烟也没送过。

他明明想当着**我两口子**踩我丫头一脚。

老陈告辞，沈同生留**他父子**吃饭，老陈不肯打扰。

就像当初在他最困难的时候，刘桂英为**他父女**做鞋送东西一样，现在该是他向他们伸出援助之手的时候了。

老头子就又啄啄头："好、好，好好的照护**他母子**，暂时千万不要张扬。"

你说帮着照顾**我母子**哩，却把他该做的都做了，连我发烧你都能传染上了。

可是还不能把徐杰带给**她母女**的"罪孽"抹去。

余明义自小没了娘，是父亲含辛茹苦将**他姐弟**抚养成人。

2. 非关系名词 + 关系名词

A. 专名 + 单方类

储泽祥（1998）认为表示血缘关系的词只能在专名的前边，如"叔叔₂刘明"。与之同形的假亲属称的专职称呼词只能在其后边，如"刘明叔叔₁"。但实际语料证明类似"刘明叔叔₂"的情况也是有的。例如：

影集的第一页是一张发黄的黑白照片，这是**贺敏学舅舅**送她的。

连靖萱最疼爱的小书晴，都捧着一杯牛奶来哀求："**靖萱姑姑**，你喝一口嘛，好不好？你喝了我就唱歌给你听，好不好？"

不过，这种组合形式并不是很多。主要是因为能居名2位的词必须能称呼，而只有一部分词可满足这个条件，还有这种形式容易跟领属性偏正结构同形。例如：

1929年冬，**鲁迅恩师**对我说："现在不是写恋爱诗的时候了。"（专名 + 社会关系）

B. 专名 +（兼）双方关系

专名跟（兼）双方关系名词组合，可构成不等复指。例如：

眼见着**林歌两口子**一天天阔了。

（他）犹豫着是不是该找个借口，先把**芷筠姐弟**送回家去？

C. 光杆名 +（兼）双方

刘街生（2004）在附注中说他把"李明父子""房东夫妇"之类都归入同位短语。

特定头衔在特定范围内往往只允许一人担任，头衔类名词进入前位后，构成的同位短语比较接近"李明父子"类典型同位短语。例如：

第二天**庭长夫妇**夜间去荣公馆回访时，胡明德就面送一只首饰盒，里面无非是钻戒、宝石、别针之类。

尽管杰基对**副总统夫妇**没有什么好感,但她还是答应了下来,并带着她喜欢的那身粉红色衣服启程了。

有时,头衔、职业及性质类光杆名词可以用作名2的修饰语,跟同一性偏正短语很难区分。试比较:

1955年9月,中国人民解放军实行军衔制,夫妻二人又同时被授予将军军衔,甘泗淇是上将,李贞是少将,从此,在中国革命史上,有了第一对**将军夫妇**……

跟同一性偏正短语"夫妻局长、父女外交家、母子音乐家、夫妇大使"等相比,如下形式看成是同位短语和同一性偏正短语的同形结构也许更合理一些。例如:

头衔+　将军夫妇　教授父子
职业+　作家夫妇
性质+　主人夫妇　房东夫妇

3. 关系名词+关系名词

关系名词之间只有一种同位组构形式,即"单方关系名词+(兼)双方关系名词"。例如:

亚梅知道,阿哥这样谨小慎微的举止,莫不是为**三姐母子**的安全着想。
第一次见面,在**同学夫妇**设的便宴上,爸爸使劲往妈妈盘中夹韭菜。

"三姐母子""同学夫妇"这样的构成形式是不是同位短语,现有的研究资料中,尚未见人讨论过。

笔者认为,名1位上的名词"堂兄""三姐"一般有确定的所指,名2位上的词语有确定的数量,整个短语的所指是比较确定的,肯定可以归入同位短语。

至于"同学夫妇"这样的构成，从语义上讲有两种可能：一是夫妇双方都是某人的同学，此时类似于"夫妇大使"等同一性偏正短语；二是夫妇中只有一方是某人的同学，此时类似于"堂兄夫妇"等同位短语。所以，把该类结构看成同位短语和同一性偏正短语的同形结构也行得通。

三、指人同位组构规律

（一）名词对位序的选择

从上面的讨论可看出，虽然所有的指人名词都可作为同位短语的构成成分而存在，但不同的指人名词组合机会不同、对不同位置选择倾向也不同。其中，统括代词只限于在代名词内部组合、集合名词只限于跟代名词组合，这两类词可暂时不考虑。剩下的指人名词按其对位序的选择可分为以下几类：

1. 前位类

A1 类　惟前位名词

惟前位名词指只能在前位出现的名词。该类名词比较少，只有泛称代词这一类。泛称代词"人家、别人"等跟其他指人名词同位组构时，只选择名1位。

A2 类　前位名词

前位名词指跟大多数名词同位组构时，基本上是占据前位的名词，包括关系名词中的不可称呼单方类、三方类名词。

前位名词对前位的选择不如惟前位名词那样严格，当泛称代词或人称代词在名1位时，前位名词可以进入后位。但大量的语料证明，此时的关系名词必须带上标记，即前加指（数）量词。① 例如②：

我可以肯定，她不会以**我这个母亲**为耻，她会以我为骄傲的！

---

① 刘街生（2004）把指量名、数量名、"等（等等）"三类格式看成是同位短语的标记成分。

② 我们只发现两例"人称代词 + 光杆单方关系名词"构成同位短语的例子：老弟你别担心，出了问题我哥哥不会不问的。（邵霭吉《现代汉语词组》）你应该给小辈做榜样，不然，小辈们会笑话你爸爸的。（电视剧《2000 年，我们结婚》）第一例是语法书中的例子，有生造之嫌。第二例中"你爸爸"是"你这个当爸爸的"之义，是老母亲当面批评没出息的儿子清明时说的话，对使用语境要求非常严格。所以，关系名词中的单方、三方类名词不能以光杆形式进入后位进行同位组构的结论是基本可靠的。

A3 类 准前位名词

准前位名词指多数情况下占据前位的名词,包括非关系名词中不可称呼的头衔、职业、性质类名词。

准前位名词对前位的依赖程度要次于前位名词。当泛称代词或人称代词在名1位时,准前位名词可以不带标记,即无须前加指(数)量词,进入后位。它可与泛称代词组合,如"人家工人";也可与人称代词组合,例如:

算**你小伙子**有本事,什么人都敢瞒。

2. 后位类
B1 类 惟后位名词

只能在后位出现的名词比较少,数量名词似乎可列入这一类。例如:

(他)把爱情如折叠伞一样折叠起来,珍放在**自己一人**的心的深处,让它悄悄地洒着湿润的雨滴,温馨着自己的心房。

他再三强调,**自己一个人**对刘家的帮助不过是大海里的一滴水,而全社会的关心和爱护才是刘家支撑下去的希望。

哪怕戏剧创作这块园地只剩下**自己一个人**,只要还有观众,就要坚持写下去。

数量名词居前位跟反身代词共现的词语串偶然可以见到。例如:

"你这一点很像我。"冰儿说:"常常**一个人自己**发笑。"

没有人知道这是我的生日,没有祝福,没有问候,我只有**一个人自己**为自己庆祝。

一个人自己感觉多老,他就有多老。

跟大量"自己·一个人"的组合实例相比,我们从一千余万字的书面语料中只检索出这三个包含"一个人·自己"词语串的例句,而且例中"一个人"与"自己"都没有组合成动态同位短语。同时,所有出现同位短语"自己·一个人"的句子中，都不能用"一个人·自己"来替换。这说明，数量名词基本上可以看成是惟后位名词。

B2 类 后位名词

后位名词指跟大多数名词组合成同位短语时，基本倾向是占据后位的名词，包括惟有指性名词中的反身代词、指量名词。

后位名词对后位的要求不像惟后位名词那样严格，在少数可列举情况下，可在前位出现：(1) 反身代词在惟后位名词前。如"自己一个人"。(2) 指量名词与人称代词组合。如"这个人他"。

B3 类 准后位名词

准后位名词指多数情况下占据后位的名词，包括惟有指性名词中的专职称呼词、关系名词中的双方类名词。

准后位名词在少数可列举情况下，可在前位出现。这些条件是：与惟后位名词组合；与后位名词组合；专职称呼词与人称代词组合。例如：

"我做这一切都是为了**先生您**"。

后位名词的关系可用一个简洁的式子表述如下：
数量名词 > 指量名词、反身代词 > 专职称呼词、双方类名词
Ⅰ　　　　＞　　　Ⅱ　　　　＞　　　Ⅲ

这个式子说明，后位名词对后位的选择强度可以分成三个等级，由Ⅰ级到Ⅲ级渐弱。当后位名词与其他名词组合时，只表现出后位倾向。当它们自相组合时，必须是后位性弱的在后位性强的前位出现，即只有"Ⅲ+Ⅱ""Ⅱ+Ⅰ""Ⅲ+Ⅰ"三种可能。同一等级内部的词只要语义上允许，组合时位序上没有限制。

3. 自由位类

自由位类名词在进行同位组构时，对某一位置没有倾向性选择，有时可在前位、有时可在后位，表现出一定的自由性和灵活性。主要包括惟有指性名词中的人称代词；非关系名词中的专有名词，可称呼的头衔、职业、性质类名词；关系名词中的可称呼单方类名词。

其中，人称代词的自由性最强。它不但可以像其他自由位名词那样在前位类名词后、后位类名词前出现，甚至还可以在一些后位类名词后、前位类名词

前出现。

上面的讨论可以列表,见表5-2:

表5-2

位序 类别	前位类			自由位类	后位类		
	惟前位	前位	准前位		惟后位	后位	准后位
惟有指性	泛称代词			人称代词		反身代词、指量名	专职称呼词
非关系			不可称呼头衔、职业、性质类	专有名词、可称呼头衔、职业、性质类	数量名		
关系		不可称呼单方类、三方类		可称呼的单方类			双方类

从表5-2可以看出:大部分惟有指性名词倾向于占据后位,大部分关系名词倾向于占据前位,大部分非关系名词对位置的选择相当自由。结合第四章图4-4可知,同位组构时,有指性越强的指人名词,对位置的选择就越趋后;有指性越弱,则越趋前。

(二) 组构公式

以指人名词的位序类为基础,可把本章讨论的指人同位组构的各种形式构成概括成如下四组公式:

1. 前位类与后位类名词组构公式

   (惟、准) 前位名词 + (惟、准) 后位名词

2. 前位类名词组构公式

   # 惟前位名词 + 前位名词

   惟前位名词 + 准前位名词

3. 后位类名词组构公式

   准后位名词 + 惟后位名词

   # 准后位名词 + 后位名词

   # 后位名词 + 惟后位名词

4. 前/后位类与自由位类名词组构公式

   (惟、准) 前位名词 + 自由位名词

   自由位名词 + (惟、准) 后位名词

   # 自由位名词 + (准) 前位名词

（准）后位名词 + 自由位名词

　　标有#号者为有条件公式。比如，"# 自由位名词 +（准）前位名词"公式的使用是有条件的：自由位名词仅限于人称代词，准前位名词需带上标记。

　　这四组公式体现的总的原则是：带有前位性的名词一定要在带有后位性的名词前出现。具体实现为：

　　规律一：前位类名词在后位类名词前出现是无条件的。

　　规律二：前位类、后位类名词对一般的自由位类名词而言，分别体现前位性和后位性。

　　规律三：前位类、后位类名词内部是非匀质的，分别有弱后位性和弱前位性，因此，内部还可以组合，但有条件限制。

　　规律四：自由位类名词在前位类名词的前位、后位类名词的后位组合，是有条件的。

　　最后需要补充说明的是，以上公式只是反映了同位短语的形式组构规则，它必须以语义兼容为基础。例如，不可称呼单方关系名词"丈夫"是前位名词，专职称呼词"女士"是准后位名词，但二者不适用"前位名词 + 准后位名词"这一公式，原因在于二者在性别这一语义特征上是冲突的。

第五节　余　论

　　上一节详细阐述了双项指人名词可组构、不可组构的情况，也就是提供了静态同位形式、静态非同位形式的模块，计算机可以利用这些内部构成模块对文本进行初始标注，并等待下一步的检验。

　　以此为基点，本章最后篇幅将对跟同位有关的理论问题作进一步思考。

一、同位短语的认知语义基础

（一）同位短语与语用因素

跟其他短语比，同位短语是语用因素控制强的短语。① 短语一般是被作为

---

① 刘街生（2004）对比考察了汉语、英语和俄语的同位结构后，证明语用功能的差异对同位结构的影响在汉语中最为突出。

静态备用单位来理解的,如果说其他短语的分析,静态的形式、意义分析基本上可以满足需要,那么,同位短语的分析则涉及构成成分的定指性和构成成分间的同指性,这些都是语用因素。

1. 构成成分的定指性

对定指概念,学者们有不同的解释。这里,我们主要采用范开泰(1992)的说法。所谓定指,也叫"有定指"或"有定",是指词语不仅有所指,而且有确定的所指。由于汉语名词不像英语有表达有定性的显性标记冠词,所以判断汉语名词是否具备有定性的难点主要是没有指示性词语修饰的普通光杆名词。但我们仍然可以依据已有研究成果,证明同位短语中的光杆普通名词是定指性的。

例如,关于"专名+普通名词"形式的同位结构,根据刘街生(2004)的对比研究,俄语类似结构中的两个成分是同格的,英语后一形式一般带有限定词。通过比较,可以推测,汉语的光杆名词从语义上分析也应该是定指的。此外,利用陈平(1987)、范开泰(1992)提供的回指(anaphoric reference)、同指(coreference)方法也可以鉴定光杆名词不但是有指的而且是定指的。例如,"我向(小王)班长请假,可班长不但没同意,他还严厉地批评了我。"其中,"班长""他"在后续的分句中,回指并且与第一分句中的"(小王)班长"同指,这证明"(小王)班长"中的"班长"确实是定指的。

2. 成分间的语境同指性

严格地说,同位短语构成成分之间语义上具有同指性是在语境中实现的。

我们在上文多次谈到不等复指,其构成形式为:专有名词/单数人称代词/单方关系名词+他们/双方关系名词/数量名词(数大于"二")/这(那)样的人。前、后两个构成成分在量上明显不等。可是如果联系语篇来看,隐略的成分总是可找回的,如"小李(和X)父子来了"。即在语境中这种形式仍是同指的。

至于等同复指,有的学者只承认"中国的首都北京、铁人王进喜"之类才是同位短语,原因是成分间外延完全相同。(朱殷1984)这种从逻辑出发的做法其实很难贯彻到底,因为所谓的外延相同必须在特定的时间、空间里才是有效的。

(二)同位短语是原型范畴

根据认知语言学的观点,语言学的许多范畴都是原型范畴(prototype-based category）。同位短语作为原型范畴，一方面，范畴内部成员有比较大的差异，有典型成员，也有非典型成员；另一方面，成员之间又有一定的相似性，正是这种相似性使不同的成员能够类聚组织成一个家族。作为受语用因素影响强的一类短语，同位短语不同成员原型性的差异跟这种构成形式在多大程度上体现了同位短语的语用特征有一定关系。①

首先，当前后项均是由惟有指性名词构成时，典型性最强，内部组合变化的形式也最多，是公认的同位短语。因为它从形式上极大地满足了同位短语表达定指性的要求。

其次，当后项是由惟有指性名词构成时，典型性也很强。因为从语言类型学的角度看，汉语是名词性短语中心居尾型（head-final NPs）的语言。虽然同位短语的中心在哪个位置很难确定，但后位是惟有指形式无疑可以确保整个短语的定指性。

再次，当构成成分均为普通指人名词时，以专有名词、可称呼的头衔、职业、性质类名词、数量名词、双方类关系名词居后位为比较典型。该类构成形式作为同位短语的典型性要低于前两类，所以有一些争议。

最后，当惟有指性名词（主要是泛称代词和人称代词）居前位时，此时的同位短语成员资格最差，以致不少学者认为应把它从同位短语中排除出去。

总之，同位短语范畴对成员构成形式的要求由中心到边缘逐渐放宽：最典型的是两项均是惟有指形式，或至少一项是惟有指性形式且居后位，要么就是有指功能较突出的非关系名词居后位，最外围的成员只勉强保证了一个构成项是惟有指性形式，可又占据了前位，跟主谓结构的界限很难划清。

二、同位短语作为独立类处理的理据

综上，同位作为一类特殊短语，其内部成员从构成形式上不具有一致性，又保留了其源自语篇概念的较强的语用色彩。这就使得按常规只从句法平面来确定同位短语构成成分的句法功能、句法结构关系，或只从逻辑语义平面来证

---

① 我们知道，语用功能与语法形式之间没有整齐的对应关系，但有些形式经常表达某些功能，因此，把这些形式从功能的角度分类，也是可以的。比如，陈平（1987）就把"人称代词、专有名词、这/那＋（量词）＋名词"称作有指成分，虽然，这三种形式在一些固定格式中有无指用法。

明同位成分具有外延、内涵的同一性的做法显得有些困难。与其像对待其他短语那样，一定要比较出成分间意义的轻重、主次，以便把它跟某类短语比附，倒不如把它作为独立的类单独考察。

　　再从机器处理自然语言的角度出发，把同位作为一种独立的结构先识别出来，也是比较经济的做法。因为不论采取什么样的策略，自然语言理解总归离不开对形式和意义的理解。可以设想，如果不把同位所代表的结构关系单列出来，势必要在某类结构下另立一小类来讨论。从上面的讨论可以看出：不论是形式还是意义，同位跟偏正、联合、主谓结构都能发生纠葛，把它归入哪一类都不甚妥当。另外，同位组构的特点非常明显，特别是后位多由代名词、指量名词、专有名词、数量名词充当，这些名词机器都很容易识别。至于专职称呼词、有居后位组合称呼功能的名词，均可在机器词典中作为一个重要特征先标出来，这样通过查找词典，机器也能识别。

第六章

指人名词同位组构的外部限制

上一章探讨了指人名词同位组构的内部限制,但是符合内部规则只是判断该词语串有可能构成同位短语的必要条件,而不是充要条件,只有结合具体语境才能最终确定是否真正的同位短语。

第一节 外部研究要解决的问题

一、主要任务

如果把从内部寻找组构条件的研究称为内部研究,本章可称为外部研究。外部研究以内部研究为基础,继续解决边界界定和短语类型标注两大问题。

上一章提供了双项指人名词同位组构的内部模块,是从静态角度对判定短语边界做出的努力。比如,双项名词序列"人称代词·专有名词"符合同位短语内部构成规则的限制,计算机处理这样的词语串时,就可以据此对边界进行初加工,例如:

[你谷佩玉]若是自己往臭狗屎上踩,不用我用喇叭喊,早晚也纸包不住火。

江雁容说:"我小时候,大家都叫[**我容容**],现在没人这么叫我了,可是我依然喜欢别人叫[**我容容**]。"

依据一定的外部规则,计算机可以判断:第一例两个边界加工结果均为真。

第二例左边界加工有误,并做出相应的修正;右边界初加工结果正确,予以保留。从而最终完成短语定界的任务。例如:

[你谷佩玉]若是自己往臭狗屎上踩,不用我用喇叭喊,早晚也纸包不住火。

江雁容说:"我小时候,大家都叫[我 容容],现在没人这么叫我了,可是我依然喜欢别人叫[我 容容]。"

对"名·名"词语串而言,句法加工的第一个任务——边界界定完成以后,计算机下一步需要做的就是排除"名+名"结构在句法功能或句法关系方面的歧义,即在短语可能具有的名词性功能和小句性功能这两种句法功能,定中、联合、偏正和主谓这四种结构关系中做出正确的选择。这就是计算机的结构排歧问题,也是中文信息处理的难题之一。①

从计算机处理自然语言的角度来看汉语的句法结构歧义,跟我们通常的理解有所不同。以"名+名"为例,它是一个歧义结构,但这种歧义并不是现实的,而是潜在的。表现为:当该结构实例化后,对人来说,这种歧义有可能继续保持(如"张丽同学",可能是同位关系或偏正关系),也有可能不再继续保持(如"张丽女士"是同位关系,不存在歧义),这也就是冯志伟先生所谓的潜在歧义现象。② 但对计算机而言,在句处理这一阶段,它只能以某种抽象模式(一般由词性标记和介词、助词等特征词构成)作为中介来控制现实对象,所以,当它碰到即使像"张丽/n 女士/n"这样在人看来毫无歧义的实例时,由于它是以"名名"词性序列的模式处理代替了这个具体短语的分析,因此,它同样会遭遇歧义问题。简言之,不论实例化后的个例有歧义、无歧义,只要这个格式有潜在歧义,计算机都面临着排歧问题。

上一章给出的模块提供了一种内部结构排歧规则。例如,只要计算机可以确定在一定上下文中前后共现的专有名词"张丽"、称呼名词"女士"分别处于短语的左、右边界,那么根据同位内部组构模块"专有名词+称呼名词=同

---

① 陆俭明先生1998年7月8日在上海师大语言所的一次讲座中谈到当前中文信息处理在词语串切分中的三大难题:边界问题、句法结构关系问题和排歧问题。
② 参见冯志伟:《特思尼耶尔的从属关系语法》,载《国外语言学》,1983年第1期。

位短语"，计算机就可以排除该短语不会是主谓、联合或偏正，只能是同位。可见，对绝大部分内部模块来讲，如果能确定在一定的上下文中名1、名2分别处于短语的左、右边界，短语类型标注问题也就随之解决。这意味着，对外部研究来说更重要的是解决边界问题，所以本章主要精力是提供外部定界规则。至于少数像"张丽同学"这样的内部结构关系歧义模块，内部规则已无能为力，外部排歧又更多地依赖语境知识，本章不做重点论述。

二、基本特点

在计算机由内部到外部的句法加工过程中，内部规则与外部规则之间是前后衔接、环环相扣的。简言之，内部限制只是提供了一种可能，外部限制则决定了这种可能能否成为现实。如果说内部限制是可能性分析，是建立在指人名词有限类别基础上的组构描写，有可能穷尽性地列举。外部限制则是现实性分析，需要从大量语料中提取影响双名组构的上下文因素。因为真实语境中的外部因素总是千差万别，这就决定了外部研究较之内部研究更为复杂，很难概括完全，再加上这方面目前基本上没有现成的研究成果可资借鉴，所以，外部研究整体带有尝试性和探索性的特点。

第二节　外部定界规则的类型、表述形式和特点

一、类型

当双名词语串"n1·n2"出现在语流"x……y"中，即计算机面对的是"x·n1·n2·y"形式时：

首先，从层次分析（即直接成分分析，亦称IC分析）角度看，双名是语法形式（即层次切分后得到的合法语言片断）时，前、后项名词的左右两侧分别是短语的左、右边界；双名是非语法形式（即彼此不发生直接组成成分关系的词语串）时，双名被分离，短语边界在这两项名词中间。用加括号的方法来表示，左括号"["代表短语左边界、右括号"]"代表短语右边界，有如下四种切分结果：

a. x **n₁**] [**n₂** y　　双名是非语法形式

b. x **n₁**] **n₂**] y　　双名是非语法形式

c. x [**n₁** [**n₂** y　　双名是非语法形式

d. x [**n₁** **n₂**] y　　双名是语法形式

如果把双名自身形式称为静态，双名出现在语流中的形式称为动态。静态与动态各有合法/非法的对立，即静态语法形式/静态非语法形式、动态语法形式/动态非语法形式，合法与非法的互变只发生在从静态到动态这一个方向上。其中，最有价值的问题是静态语法形式在语流中是如何转换成动态语法形式、动态非语法形式的，这也是本章讨论的重点。

其次，从组块角度看，双名是语法形式，则意味着n1不能向左（向前）跟上文的x组合，n2不能向右（向后）跟下文的y组合；双名是非语法形式，则意味着n1、n2中至少有一个可以跟左邻右舍的x或y组合。以正号"＋"代表可组合、负号"－"代表不可组合，有如下四种组合可能，分别对应着上述四种层次分析结果：

	x 跟 n₁	n₂ 跟 y	
a.	＋	＋	双名分离
b.	＋	－	双名分离
c.	－	＋	双名分离
d.	－	－	双名组合

外部定界规则需要告诉计算机的就是：x、y满足什么样的条件时，双名词语串"n1·n2"可以组构，即"n1＋n2"，或者被分离，即"n1 // n2"。作为一项信息处理用的基础研究，本书主要提供对双名组构有影响的外部因素。为使规则的描写不显得过于琐碎而缺乏概括性，根据本章要解决的重点问题并结合内部规则，可把外部定界规则分为边界确认规则、边界否认规则两大类。

（1）边界确认规则，是对内部规则加工出的边界予以确认的外部规则。包括只确认一个边界的单边界确认规则，以及同时确认两个边界的双边界确认规则。例如，运用内部规则"人称代词＋反身代词"给下例中双名初步定界：

我对于［他本人］，根本一点了解都没有！

用边界确认规则"当左 1 是接对象宾语的介词'对、对于',右 1 是标点时,将双边界待定标记转换为确认标记",可肯定初始加工结果为真:

我对于[**他本人**],根本一点了解都没有!

(2)边界否认规则,是对内部规则加工出的边界予以否认的外部规则。例如,运用内部规则"专有名词+复数人称代词"给下例中双名初步定界:

我告诉[**小张他们**]的来意。

再运用否认规则"当左 1 是回答类双宾动词,右 1 是结构助词,右 2 是名词时,将双边界待定标记转换为否认标记",可否定初加工的两个边界,并做出修正:

我告诉[小张][他们]的来意。

这两大类规则之间既相互区别,又相互补充。显然,如果提供的各类规则是完整、充分而又正确的,理论上应该能把绝大部分双名同位从复杂的上下文中识别出来。

二、表述形式

(一)触发条件定义的外部空间

有关这方面研究,已有的一般做法是:以需要考察的某一词语串为中心,在该词语串所在的上下文中向左(向前)、向右(向后)各搜索一定数量的词作为外部条件的定义空间。

譬如,要考察"名·动"词语串的捆绑情况,计算机可从下例中抽取到"名·动"词语串"地方/n·分布/v",例如:

许多/m **地方**/n **分布**/v 着/u 茂密/a 的/u 热带/n 雨林/n 。

以"地方/n·分布/v"为中心，向左、向右各取 1 个词作为观察窗口，分别考察"地方"与"许多""分布"与"着"的组合可能，如果该词语串的第一个词、第二个词能分别与左邻、右邻组合，则意味着"地方/n"与"分布/v"不能组合。其外部条件可以这样表述：当左 1（左边第 1 个词）是数词 m，右 1（右边第 1 个词）是助词 u 时……可以推测：如果一个双词语串是语法形式，那么，其左邻右舍的词也提供了允许这种组合合法的外部条件，如上例中的"热带·雨林"（属于类型中的 d 类）。如果一个双词语串是非语法形式，那么，造成双词之间不能直接组合的原因或者是词语串左邻、右邻的词分别与该词语串中的前一个词、后一个词组合，如上例中的"地方·分布"（属于类型中的 a 类）；或者是该词语串中的某一个词暂时不组合而等待更大的组合，例如：

同事们都在背后说**他马大哈**。

双名词语串"他·马大哈"中名 2 "马大哈"暂时不组合而等待名 1 "他"跟左 1 先组合后再组合，属 2.1 节的 b 类。另外，还有 c 类情况，这里就不再举例了。

那么，词语串向左、向右各选取多少个词作为观察窗口比较合适呢？Martin（1983）指出："统计测试表明，95%以上的搭配信息可以通过考察 −5 和 +5 范围内的词获得。"这段论述意味着，一个词与其左向（−）、右向（+）五个词的距离都有搭配的可能。孙宏林（1998）通过大规模统计数据，得到抽取汉语名词、动词、形容词这三类词搭配词语的最佳观察窗口，即名词是［−2，+1］，动词是［−3，+4］，形容词是［−1，+2］。赵军、黄昌宁（1999）研究汉语基本名词性短语时，吸取了这一成果，以词语串的前两个词和后一个词作为外部条件。刘长征（1998）则以双项名词序列前后各两个词作为观察该词语串能否捆绑的窗口。

以上述研究为基础，本章定义外部空间的具体做法为：

（1）把双名所在上下文中的前两个词和后两个词，即［−2，+2］，作为基本考察范围。正常情况下左向、右向只取 1 个词就可以，少数情况下需要扩展到两至三个词才能找到定界的限制因素。

（2）条件定义中的"词"并非传统语言学严格意义上的光杆词，包括零形式、标点符号，还包括动词的复杂形式（重叠、后加时态助词、正反问并列等），或指量（名）、数量（名）等简单短语，计算机句法加工时，通过查词典中特殊功能描写、句法规则子库等，这些问题都可优先处理掉以减轻计算机不停地进行尝试组合的负担，这正体现了语言工程的处理技巧。①

（二）转换动作的表述形式

在适宜的外部环境的触发下，可执行两类相应的转换动作。表示为：

转换动作1：将待定标记转换为确认标记。

转换动作2：将待定标记转换为否认标记。

（三）完整的外部规则示例

一条完整的外部定界规则由触发条件及相应的转换动作两部分组成。一般形式为：

条件：当双名词语串左边第2个词（简记作"左2"）、左边第1个词（简记作"左1"），右边第1个词（简记作"右1"）、右边第2个词（简记作"右2"）满足一定条件时；

动作：将待定标记转换为确认/否认标记。

以下是一条双边界确认规则：

当左1是接对象宾语的介词"对"、右1是表示观念/情感的二价名词时，将两个边界的待定标记分别转换为确认标记。例如：

他对［人家小张］偏见很大。

三、特点

从上面的讨论可以看出，外部定界规则具备以下特点：

第一，是上下文有关的。内部规则只立足于内部构成成分，不考虑外部语境，是一种上下文无关规则（context free rules）。而外部规则充分考虑从语境中提炼出对同位识别有用的上下文信息，从而形成一系列上下文有关规则（context sensitive rules）。

---

① 可参见候敏：《计算语言学与汉语自动分析》，北京广播学院出版社1999年版。

第二，是可操作的。每一条外部规则都由触发条件和转换动作两个要素构成：触发条件给出上下文环境的若干特征，转换动作则是由这些外部特征所引发的相应动作。因此，规则具有极强的可操作性。

第三节　确认规则

传统语言学通过双名在一定上下文中体现出的句法成分功能来确认双名可组合，也就是说，对人而言，如果符合内部限制的双名词语串充当如下句法成分，就可确认双名组合：

1. 主语。例如，作家张洁小别文坛整两年。
2. 宾语。例如，为了对你个人负责，组织上要对你进行审查。
3. 定语。例如，姚明本人的迅速进步已引起国家队的注意。
4. 中心语。例如，你是说那个强盗头二爷么？
5. 联合短语中的成分。例如，他希望联合国和秘书长本人利用其影响，协助推进和平进程。
6. 兼语。例如，我不能认死扣，强迫人家姑娘来喜欢我。
7. 呼语。例如，"碧萝姐姐，"她忽然抬起头来问："咱们若是想出去，该怎么办呀？"
8. 强调性结构。例如，他说是嫂子林歌让他去的天津催订一车海鲜。
9. 限定性范围副词"就、只、仅"等修饰。例如，中国棋手仅王磊一人入围。
10. 充当复句中的分句或构成单句。例如，"你这个混蛋！"维珍忽然发狂般地尖叫起来。

可是，能够做什么句法成分正是需要求出的结果，而非已知的条件，因此不能用它来指导计算机执行下一步操作。真正可操作性的确认规则应该是"得回答汉语中哪些成分在什么条件下可以做'主'，哪些成分在什么条件下可以当'谓'"（詹卫东，2000c）。以下依次提供计算机可用的左、右边界确认规则，这些规则来自有限语料，用来处理非受限自然语言肯定是远远不够的。笔者相信，只要逐步增加语料选取的科学性、代表性，逐条进行正确、细致的归纳工作，规则总会日趋完善。

一、边界确认标记

规则在使用范围宽窄、有效性大小上存在着强弱之分。强规则类似标记，使用时基本不受限制，计算机借此可以把边界说一不二地识别出来；弱规则约束力相对较弱，使用时有一定要求。需要说明的是，本章第五节将列出不能用以下规则处理的现象。

（一）单边界确认标记

1. 左边界确认标记

（1）左1是零形式

所谓零形式是指非有形符号的形式。比如，开头不带标点的文章标题或直接以词打头的各段落首句，其左边位置都可以说是零形式。

夏继屏夫妇那锐利的眼光，一直在他脸上身上打转。

（2）左1是标点

老诗人柳亚子也用艳丽的女性笔名"彩云女士"。

人们似乎总在回避一个最重要，也是最基本的因素——**歌手本人**的素质。

（3）左1是方位词

那段时间里**他们俩**形影不离。

前边**小王**一个人就能对付。

（4）左1是关联连词

有的只能在主语前出现，像"那么、而、但是、并且、然而、因此"等。例如：

他想，贺教授这种真正的知识分子是民族的脊梁，那么**我们这种人**又算是什么呢？

而**他韩美林**的文化土壤在中国！

但**我们夫妇**的感情却是浓烈而真挚的。

有的是主语前、后两个位置兼可的，像"如果、除非、既然、虽然"等。如：

如果**我俩**自幼不曾相换，以我王室四格格的身份，养在深闺，哪有机会和你相遇？

除非**他们两人**都在外面成了婚，要不然我不能嫁给豪哥。

(5) 左1是数量词语

发现就剩下一个**罗瑞卿总长**没有来。

二强……不知从哪儿找来个**川妹子荷花**。

(6) 左1是结构助词"地"

慢慢地**她们母女**苏醒过来了。

(7) 左1是时间名词

当时**刘伯承司令员**是前线赫赫有名的常胜将军。

以前**我们两个**常常一聊就是一通宵。

(8) 左1是小句宾语介词"等、待"

等**你们夫妇**获得自由之后，别忘了给我写信。

(9) 左1是可接独立成分的介词

《现代汉语语法信息词典》给出了一些可构成介词结构做独立成分的介词，像"至于、除了、对于、根据"等，一般情况下句子中有逗号把该成分单独隔开。例如：

> 至于**我自己**，我只是想来看看你这个人物。
> 小双！你为什么这么命苦！难道除了**我卢友文**，你就嫁不着更好的丈夫吗？

(10) 左1是句首语气副词、限定性范围副词

左1是句首语气副词，可在主语前修饰整个主谓结构。这样的副词《现代汉语语法信息词典》已给出一些，像"难道、大约、其实、原来、也许"等。例如：

> 难道**我卢友文**，还要靠你教钢琴来养吗？
> 大约**兄弟两个**已经说好了。
> 其实**我这人**的心还是挺好的。

左1是限定性范围副词"就、只、只有、仅、仅仅、光"等。例如：

> 天下的窈窕淑女，岂止**袁乐梅**一个！
> 说来说去就**你们俩**的事，真无聊！

(11) 左1是疑问代词

> 为什么**我梅若鸿**到今天还一事无成？

(12) 左1是语气词

> 你们干嘛**兄弟两个**都认定了夏初蕾！

(13) 左 1 是存现动词，以下讨论的动词均包括复杂形式。

　　床上就坐着**他们两个**。

(14) 左 1 是小句宾语动词

语义上以非动作性居多，像心理动词"知道、觉得、以为、害怕、悔恨、相信、认为、责怪"等，评判动词"值得、犯得上"等，感官动词"看、听、说、瞧"等，判断动词"是、就是、算"等，陈述动词"描写、报道、表示"等。例如：

　　他不值得你去送命！他不值得**我们每一个人**去送命……
　　你看**人家文天尼**，什么东西一学就会了！你就只知道撒野！
　　这悲剧不是我制造的，是**他们两个**制造的！

(15) 左 1 是兼语动词

　　当年陆德威对女儿管教甚严，不准**她女孩子**家常往外跑。
　　"子居，烦**老兄你**在考试时替我捉刀。"

(16) 左 1 是准谓宾动词①

　　为了维护**我们行者**的纯洁，我绝不能收一分钱赞助。

(17) 左 1 是指量词语

　　但如今事过境迁，那**周嬷母子**，都已被放逐塞外，等于不存在的人了。
　　身后又传来那位**青青姑娘**的呼喊声。

---

① 朱德熙：《语法讲义》，商务印书馆 1982 年版。

这一条规则是弱规则,双名为"名·反身代词"时除外,例如:

那司机自己都搞不清东西南北呢。

2. 右边界确认标记
(1) 右1是零形式
比如电影标题:

他俩和**她俩**

(2) 右1是标点

同学中常常有人谈起**舒同其人**。
新时期,回归**女性自身**——走向自觉的女性艺术。

(3) 右1是语气词
句中语气词"啊""吧""嘛""呢""呀"等,主要功能是表示停顿。例如:

你们年轻人啊,真是的!前两天好像天都塌下来了,这两天又高高兴兴的了!
徐克伟满心只有女朋友,可惜的就是"没缘分"!**他高凌风**呢?总是对女孩子"有点儿意思",却从来不被"捕捉"。

句尾语气词。例如:

问你喜欢谁,你又不知道,难道你想嫁给**他们三个人**吗?

(4) 右1是介词"在、从、到"等,右2是时间名词或处所名词

她老人家从早就念叨着,说你爱吃韭菜黄,特别给你包了韭菜黄的馅。

死者刘东清在朝阳区开了一家朝阳饭馆。

(5) 右1是方位词

他们父子间不需要过多的言语,"默契"是存在在两人之间的。
我韩德宝左有娇妻,右有爱子,就是有了爱情与亲情。
我杨天成上辈子没修来这份福!你嫂子要能顶上佩玉的一个脚指头,我下辈子做牛做马都愿意!

(6) 右1是关联词语
有的只能在主语后出现,像"如、既、虽"等。例如:

"**我孟玮**如再喝酒打人,将永劫不复了!"

有的在主语前、后两个位置都可出现,像"如果、虽然、既然"等。如:

他朱怀镜如果没有方明远,只怕现在还不会出头。
我二人虽然自幼生长在一起,情同兄妹,但是从来就没有爱情。

(7) 右1是代词
谓词性疑问代词"怎么样、怎么、怎样"等。例如:

你这人怎么了?
他们两个人怎么样不关我的事。

副词性代词"这样、那样、那么"等。例如:

康伟业想:**人家姑娘**那么好的条件,凭什么你说吹就吹?
你们两个怎么会在一块儿?
娘!**咱们母女**如此情深,我怎么也想不到有一天,您会对我说出这么多鄙视的话!

表周遍义的疑问代词。如:

我们两个谁也没有睡好。
你们姐弟什么事都瞒着我!

(8) 右1是时间名词

古子铭望了陈传青则冷笑着想:"**你陈传青**今日究竟有何收获?"
人家马老太太白天吃斋,晚上烧香,夜里念佛,而我的先祖母大人,却是白天睡觉,晚上听戏,夜里打牌。

(9) 右1是一价名词
右1是袁毓林(1994)讨论的一价名词。
或者是部件名词,语义上表示人的身体部件,像"嘴、眼睛、耳朵、腿"等。例如:

张书记你放心,**黄达洪这人**嘴巴子硬,不过就是说说而已。
到时她泪流成河,**你们两个**血流成河,岂不更糟?

或者是属性名词,像"感情、性格、个性、能力、出身、命运、素质"等。例如:

我们这些人出身并不都是很好的,但革命的道路是自己走的。
女儿我命运苦。

(10) 右1是数量词语

右2是一价部件名词。例如：

  喂！**我这个人**一根肠子通到底，受不了这样拖拖拉拉，别别扭扭过日子！
  我谷老诚一辈子没做过啥伤天害理对不起乡亲们的事。

右1是"数词+动量词"。例如：

  "**你们大人**一下子讲这样，一下子讲那样！我不喜欢，我不要！我是小孤儿，青青知道！"

(11) 右1是副词

  白石老人十分喜欢这位护士，言听计从，甚为相得。
  当她的身影消失在客厅门口之后，**我们大家**仍然静悄悄地站在屋里。

(12) 右1是助动词

  他们两个能有个结果，自己不是也放下心里的一块石头吗？

(13) 右1是动词

右1是趋向动词，右2是句末标记（句尾语气词或句末标点）。

  这么可怕的事怎么能让**他一个人**去呢？

右1是趋向动词、位置动词"在"，右2是处所词。

  朱自清带了**夫人武钟谦**来杭。
  老爷要**你们三位**上大厅见客！

到了那儿，才发现只有**小双一个人**在家里。

右1是一价行为动词。

你会让**雨杭大哥**发疯的！

可是，他还是让她走了？在深更半夜里，**让她一个人**走了？

(14) 右1是形容词

右1是状态形容词。例如：

他回家和父母团圆去了，剩下**我一个人**孤零零的，就到妹妹白杨住的公寓里去找她。

右1是性质形容词。例如：

他这个人热诚、坦白、可信，尤其可贵的，是他能够用自己的脑袋去分析这个世界。

"朱老太太，朱伯母，**您两位**好福气哦！"

右1是形容词的复杂形式。例如：

你这人下流不下流，偷听什么？

(二) 双边界确认标记

1. 双标记共现

以上归纳出的边界标记并不完全，可仅这些标记两两搭配就会有 17 × 14 = 238 种可能，实际情况肯定远远不止这个数字。

以下举一个例子来说明双标记共现可从两边定界，即左1是标点，右1是标点时，左、右边界均可确认。

(1) 左1、右1为对称性符号（引号、书名号）。例如：

　　他们重新见面时，曾宁还像以前那样称呼她"**贺小妮同学**"，使得场面多少有些难堪。

(2) 双名做主语时，右1基本上都是逗号。例如：

　　那哥哥说，**你们女孩子**，一惊一乍，尽是自己吓唬自己，怎么不学学麦考尔？

有时是其他标点。例如：

　　"**乐梅她**……"宏达迟疑了一会儿，毕竟还是说了，"她一直叫着你的名字。"
　　"**我本人**？"他更惊讶了。"我本人有什么不对吗？"

(3) 双名做联合短语中的成分时，左1多为表短暂停顿的顿号。例如：

　　女方有浩的父母、外祖母、舅父母、**浩本人**。

(4) 内部构成为"专有名词+称呼名词"时，双名可做呼语。呼语是句子中的独立成分，用于祈使句、疑问句等。例如：

　　喂！**婉妹**，出来！我捉了两个大蟋蟀，斗得才好玩呢！快来看！
　　连靖萱最疼爱的小书晴，都捧着一杯牛奶来哀求："**靖萱姑姑**，你喝一口嘛，好不好？你喝了我就唱歌给你听，好不好？"

(5) 内部构成为"第二人称代词+指量名短语"，名2为性质类名词时，双名可成句（单句或复句中的分句），多用于说话人以某种强烈的感情赋予对方某种性质的场合。右1是名末标点，多为感叹号。例如：

"你这个疯子！"他哽咽着跨前一步，一把将她紧紧攫入怀里，号啕大哭起来，"你这个疯子！"

2. 固定搭配

（1）左1是介词时，右1是可与之呼应的词，构成固定搭配

譬如，"除（了）……外（之外、而外、以外）""为（了）、因（为）、由于、通过……而、所""对（于）、就、按（照）……而言（说、来说、而论）""像、跟、和、同、与……一样（那样、似的）""自、从、自从、打……起（以后、以来）""连……带""依……看、说""在……之前"，等等。例如：

她坚决不同意提前越狱，说："不能为了**自己一个人**而影响全体难友的大举。"

对于**我个人**来说，早在我们见面的十来年前，就已经得到种种传话。

单就**吸毒者自身**而言，除了毒瘾发作的痛苦之外，毒品会严重毁坏健康。

我要像**人家小王**一样成为一名大学生。

（2）双名嵌入离合动词或固定（半固定）短语中

离合动词如：挣钱、伤心、救命、丢脸、生气、揩油、吃醋、打趣、担心、放心、留心、留神、分心、称心、如意、革命、发愁、洗澡、上学、找碴……

固定（半固定）短语如：占便宜、敲竹杠、开玩笑、要面子、惹麻烦、捅娄子、磨嘴皮、闹笑话、绕弯子、耍无赖、做人情、挑大梁、下狠心、使眼色……

双名的左、右两边分别是动宾式离合动词或固定短语的动、名构成成分。左边动词包括复杂形式，右边名宾可以是光杆名，前面还可插入"的""数词+名量词/动量词"或"的+数词+名量词/动量词"。分别如：

这次你占了**他们俩**便宜，他们不会善罢甘休的。

我佩服那些外地小贩，人家就是敢挣钱，挣**你北京人**的钱，现在北京的外地人光注册的就三百多万。

生产这样的自行车,不光在倒自个儿的牌子,是在伤**咱老百姓**的一片心呐!

左1、右1分别是复合趋向动词"起来、下去、进来、上来、过来"等的前一和后一成分。例如:

你怎么会帮助起**他们兄弟**来了?

二、边界消歧规则

当双名词语串两边只出现一个确认标记或根本不出现标记时,还面临着消除边界模糊歧义的问题,以下主要讨论三种情况。

(一) 左1是介词

(1) 左1是接施事宾语的介词(像"让、叫、令"等),或者是接受事宾语的介词(如"把、拿"等)

右1是部件、属性等一价名词。例如:

你让**我们大家**心都碎了。
这个坏消息把**我们大家**心情搞得很糟。

右1是时间名词。例如:

感谢你让**我们三人**今天玩得那么开心。

右1是"数词+动量词"。例如:

他的话让**我们大家**一下子呆住了。

(2) 左1是接对象宾语的介词"对、对于"

右1是二价名词(袁毓林 1992)或二价名词构成的数量名短语。例如:

团长这一喊,我知道自己错了,我想这位老同志对**我这位土包子**第一印象大概就很不妙了。

右 1 是结构助词"的",右 2 是名词。例如:

作家"触电"对**作家本人**的好处到底有多大?

右 1 是结构助词"的",右 2 是名词或名动词。① 例如:

她的过分投入使她放松了对**我这个情种**的警惕。

(3) 左 1 是接目标宾语的介词"向、往"
右 1 是句末语气词或句末标点。例如:

她的矛头显然指向**我们大家**。

右 1 是有向性动词,右 2 为趋向动词。例如:

他艰难地朝**她们母女**爬过去。

(二) 左 1 是体宾动词
当左 1 是可带体词性宾语的动词
(1) 右 1 是"(数词)+动量词(包括专用、借用名词或重复动词)/表示时段的时量词"。例如:

十年前你已经拆散过**我们母子**一次了。
诗尧看了**他们两个**一眼,就一声不响的在我们身边坐下。
只要能联姻成一家人,咱们就可以照顾**人家母女**一辈子了。

---

① 朱德熙:《语法讲义》,商务印书馆 1982 年版。

（2）右1是起关联作用的方位词，《现代汉语语法信息词典》给出的有"前、中、后"等。例如：

有的女青年在见到**刘维维本人**后，方知受骗，但又羞于启齿报案，怕一旦骗子抓到，自己也跟着曝光，只好吃个哑巴亏。

（3）右1是比况助词，右2是句末标点。如：

（他）只要一谈起来就是徐悲鸿，好像就没有**他这个人**似的。

（三）右1是结构助词"的"

左1是左边界确认标记，右1是结构助词"的"，还需满足下列条件，才能确认两个边界：

（1）右2是一价部件名词（袁毓林1994）或数量名短语，右3是标点。比如：

放血？你是吸**我们演员**的血！
您为什么救了**我刘小虎**的两次命？

右3是方位词"上、中、里"。如果右2的名词是单音节的，则组成"头上、心中、怀里、身上"等，因此有人在词语加工时就已把它们处理成处所词了。①

待老七爷去世之后，这份财产也分不到**你们母子**的头上。
在**你这个烈女**的心中，我根本一无是处！
这当儿，只要手一拉，把人家从钢琴那边拉过来，拉到**你朱某人**的怀里去，岂不就大功告成！

---

① 北大语料库词语加工就是这样做的。

右 3 是"（副词）+形容词或非动作动词"。例如：

他们兄弟的声音真像啊。

（2）右 2 是一价属性名词。例如：

你想去看看**雪姨她们**的脸色，你又在享受你的胜利。

（3）右 2 是一价亲属名词、本书第四章讨论的单方类关系名词。例如：

他才是**段立森夫妇**的儿子！
你根本不配做**我华又琳**的丈夫。
她自己的律师怒而批评罗思的条件是"没有良心"。

（4）右 2 是表示观念/情感的二价名词（袁毓林 1992）或数量名短语。例如：

我个人的意见是，让他自由地看。

（5）兼有名/动、名/形性质的词或数量名短语，即名动词或名形词。①例如：

这就是**我们男人**的悲哀！
也正为**姑嫂二人**的罚跪在商讨着。
这固然有着**方化本人**的几分谦虚，但更多的"反派明星"都觉得自己塑造的反面人物多少有着"脸谱化"的阴影。
谈起**她本人**的两次访华，蓬皮杜夫人更是兴致盎然。

---

① 北大语料库词语加工时，对名动词（vn）、名形词（an）做了专门标注。

左1是准谓宾动词。例如：

（我）经常有机会受到**他老人家**的接见和教诲。

(6) 右2是抽象名词。例如：

这不是**你们两个人**的事，这会是整个白沙镇的事，你就是不肯相信我。你知道**你这个人**的问题出在哪里。

(7) 右2是指物名词。例如：

我没少向**他老人家**的厨房里送野味。

(8) 右2是句末标记（标点或句尾语气词）。例如：

余妈说，你将来就是**大哥一个人**的，我们就不能跟你一起玩了，因为你是大哥的媳妇。

第四节　否认规则

否认规则多为弱规则，一般只适用于一定的内部形式。除相邻词语属性仍是需考虑的重要因素外，句式对边界的否定作用也非常明显。

一、右边界否认规则

（一）词语作为右边界否认标记

(1) 待检查的"代词/专名·名词"形式中，若名2可以与右1组成固定（半固定）短语，那么它就与右1优先组合，从而否定了"代词/专名·名词"的右边界。属于固定（半固定）的短语有"雷锋精神、干部队伍、群众路线、夫妻生活、绅士风度、淑女气质、小姐脾气、老爷作风、学生手册、儿童语言、婆媳关系、学生时代"等，计算机可在系统配备的短语信息库、语法信息词典中找到它们，像下例中的画线部分，例如：

目前**我们干部**队伍的状况大体上有三种情况。
他便直夸**朱怀镜大将**风度。

待检查的"代词/专名·双方类"形式中，名2如果经常修饰名词、动词，组成固定（半固定）短语（例中画线部分），名2也要优先跟右1组合。例如：

（盈盈）道："……而且也大伤**我父女**之情……"令狐冲道："更加是大伤**我翁婿**之情。"
尽管她在人家面前也尽力恭维、讨好，甚至主动与**王莹姐妹**相称，可骨子里，她并不服气，那争强好胜的心态又萌动了。

(2) 右1是数量短语

待检查的"单数人称代词/专名·性质名词（多为贬义）"形式，右1是"一+名量词'个'"时。例如：

他傻瓜（草包/笨蛋）一个。

待检查的"复数人称代词·双方关系类"形式，右1是"一+动量词'场''回''阵'等"时。例如：

哟嗬！何世纬，**咱们兄弟**一场，只有今天，我对你心服口服了！
"方家大哥，人死不能复活，**你们兄妹**一场，你这为哥的，就快张罗着给她办理后事吧。"
我们夫妻一回，到头来两手空空。

待检查的"复数人称代词·双方关系类"形式，右1是"数词+时量词"

时。例如:

我们战友多年,却从未在一起喝过酒,不知你酒量如何?
他说,**我们夫妻**几年,未必你还不了解我的为人。

(3) 右1是时态助词"了",右2是数量短语

待检查的"复数人称代词·双方关系类"形式,右1是"了",右2是"一+动量词'场''回''阵'等"或者"数词+时量词"时。例如:

咱们亲戚了一场,这叫买卖不成仁义在。
我们同学了12年。

(4) 右1是数量短语、右2是句末语气词"了"

待检查的"复数人称代词·双方关系名词"形式,右1是"数词+时量词",右2是句末语气词"了"。例如:

老史,**咱们兄弟**十几年了。

有时,"数词+时量词"形式前还可出现代词"这么""那么"等或形容词"整(整)""短短的"等。例如:

老板说,**我们同事**这么多年,一直没有机会交流一下。

(5) 右1是比况助词"似的、一般、一样"等

待检查的"复数人称代词·双方关系类"形式,右2是句末标记。例如:

瞧他那劲儿,好像**他们夫妻**似的,简直荒谬透顶!

待检查的"代词/专名·名词"形式,右2是动词。例如:

看妈妈还在落泪,**她大人**似的劝妈妈说。
他伟人一般挥挥手,将酒精浸润过的红脸扭向众人。

待检查的"代词/专名·名词"形式,右2是一价属性名词。例如:

您慈母般的胸怀多么令人难忘!

此外,还有以下两种情况,笔者认为右边界被处理成否认更好一些,可操作的形式规则尚有待进一步提取:
(1)待检查的"代词/专名·名词"形式
右1是"(的)+一价名词"时,除本章第三节讨论的情况,还有:

他尽管在心里已经非常喜欢这个才华横溢又美丽动人的合作者,但却始终坚守着 [他 [**学者**的尊严]]。

据陆丙甫(1998),汉语多重定语语序是:表外延的指别性定语在表内涵的描写性定语前。代词/专名与普通名词相比,前者指别性强,后者内涵性强。同时有一些辅助手段来凸显名2的内涵性,像前面谈过的名2后带比况助词,或名2前出现指(数)量短语。例如:

他讨厌**她那副圣母玛利亚**的样子。

另据陆丙甫(2000),典型的指别性定语从不带"的",描写性定语几乎永远带"的"。所以,"的"是描写性定语的标记。由此推理,以下四种形式:

a. 名1·名2·的·名3
b. 名1·的·名2·的·名3
c. 名1·的·名2·名3
d. 名1·名2·名3

a 标记的分布最正常；b 多了一个标记；c 标记的分布恰好相反；d 没有出现标记。从实际语料看，出现频率是 a＞b＞c/d，具体为 11：6：2：2。

上例中，描写性定语"学者"为带标记（a 形式），但不论有无标记，描写性定语都宜先与中心语组合，所以，右边界被否认。

（2）待检查的"代词/专名·自己/一（个）人"形式

《现代汉语八百词》以下简称《八百词》把动词前的"代词/专名·自己"都统一处理成主语。例如：

他自己知道是怎么回事。

只有双名被分开，即"自己"单用时，才有可能是修饰动词的状语。例如：

我难得**自己**上街买菜。

我们认为，"代词/专名·自己"在动词前时，"自己"有时可以理解成状语或有做状语的倾向，即状语化。例如：

她感到十分奇怪："怎么回事，你**自己**做饭啦？""现在我只得自己做饭了。"
第一个由**歌手自己**作词、自己作曲、自己演唱的个人专集。

第一例中，按照《八百词》的说法，"你自己做饭啦"中"你自己"是主语，"现在我只得自己做饭了"中"自己"是状语，考虑到问话与答语的呼应，统一处理成状语比较好。第二例中，三个"自己"都共用一个主语"歌手"，"自己"分析为状语更利于整体的协调。"代词/专名·自己"在动词前，把"自己"理解成状语，还有其他特点，再看一些例子：

"喜英，炸藕合、炸茄合那两道菜，我比你熟，待会儿，**我自己**去做。"
我惊问："准是误飞机了吧？**你自己**掏腰包报销！"

这些特点是：a."自己"表示动作完成的方式是"不借助于他人或外力、独自"，多用于对比。例中，是"我""你"分别与"喜英""公家"对比。b. 动词动作性很强，表现为可进入"去/来+V"的句法槽中，用于祈使句。例中，动词分别是"做""掏腰包报销"。c."代词/专名"与"自己"之间可插入副词、助动词等。上例可分别说成"我能够自己去做""你应该自己掏腰包报销"等。

此外，左1是兼语动词时，"代/名·自己"形式很难组合做兼语动词的宾语。例如：

? 我要求**他自己**。
? 要动员**工人自己**。

这时，把"自己"归后比较好。例如：

我要求**他**]〔**自己**不要乱动，等我回来。
要动员**工人**]〔**自己**盖房子，工厂、企业可以资助一点。

与"自己"类似的词还有"一（个）人"。刘街生（2004）认为，"名+数量短语"构成的同位短语，数词为"一"时，数量意义很虚，描述功能凸现，整个结构在动词前时，后项有状语化倾向。例如：

一天深夜，**吴排长一人**独自进了窑洞，他告诉我张沪暂时不会回来。（刘街生例）

"一个人"与"自己"相似，可与"代词/专名"连续出现，也可被隔开断续出现，后一种情况下，状语地位没有争议。例如：

然后，有一晚，当他唱歌时，他发现**她**是**一个人**来的了。接连几天，**她都一个人**坐在那儿。

如果"自己""一个人"已成为状语或有状语化倾向的说法可以成立,那么名2作为右边界的资格就被否认了。

(二) 句式作为右边界否认因素

这里讨论的句式作为否认因素,实质上是指某些凝固(半凝固)格式破坏了双名同位组构的可能性。

(1) 名2可与右边部分组成习语、俗语(例中划线部分)。

　　陈雁就笑着说**他**<u>**贵人**多忘事</u>。
　　<u>**我一人**吃饱全家不饿</u>。
　　小唐身体好,心肠更好,老李,<u>**你好人**有好报</u>啊!

(2) 名2可与右边部分组成某种对举、排比格式(例中划线部分)。

　　都是你害得**我们**<u>**父子**不能相认,夫妻不能团聚</u>。

(3) 名2可与右边部分组成倚变句。①

　　他们五个人一组。
　　饭店给**乘客一人**发一张小条子。
　　老师一人资助农村一名贫困孩子读书。

(4) 名2可与右边部分组成"自己+X+自己"格式。②

　　一直是**他自己**和自己玩。
　　你自己给自己作证没用,法庭不会信!
　　他自己照顾自己。
　　有时候**我自己**也不明白自己。

---

① 关于倚变句及相关句式的具体阐述,可参见范开泰、张亚军:《现代汉语语法分析》,华东师范大学出版社2000年版。
② 《现代汉语八百词》中提出"自己+介/动+自己"格式。

能够作为右边界否认因素的句式还有其他一些类型，这里就不再列举了。

二、双宾动词能否作为左边界否认标记

左1双宾动词能否作为左边界的否认标记？这个问题比较复杂，涉及的双宾动词语义上有这样几类：

a. 给予类：给、给予、送、送给、馈赠、赠、赠送、让、供、归还、还、换、分、分配、救济、拨、调拨、补、补充、补发、补给、补贴、安排、借、答应、放、留给、卖、派、上交、抵偿、赔偿、推荐、支援、增援

b. 回答类：告诉、转告、汇报、报告、告发、告知、通知、提醒、嘱咐、吩咐、答应、回答、答复、教

c. 称呼类：喊、称、称呼、简称、俗称、叫

d. 评价类：骂、咒、说、当、夸

e. 授予类：授予、认、追认、封、赐、赏、奖、奖励

f. 保证类：保证、确保、落实、关照、照顾

从实际语料来看，当双宾动词在左1位置上出现时，左边界有被确认、被否认以及边界歧义三种可能。这些复杂现象所反映的问题实质上就是：双名什么条件下能组合成一个宾语（O1或O2）？此时，左边界被确认。什么条件下分别是两个宾语或宾语的一部分（O1和O2）？此时，左边界被否认。

（一）双名组合

一般情况下双名都是组合成一个近宾语O1，此时，名1作为短语左边界被确认。具体规则为：

（1）左1是回答类双宾动词，右1到右n出现［－述人］动词，这个动词做主动词，像下例中的"下雨"，例如：

麻烦你转告**小张他们**明天要下雨。

（2）左1是给予类双宾动词，右1为"数+量+（的）+名"，右2为标点。例如：

也大呼小叫地要求林珠给**我们这些乡巴佬**一点面子，干杯喝酒。

少计算，缺经验，可是兄弟们也该给**我这个罪人**一个改错立功的机会。

(3) 左1是给予类双宾动词，右1为"的"，右2是名词时，为了确认"n1·n2"可组合，还需在上下文中向左、向右再增加观察窗口，例如：
左2是介词，右3是方位词。

杰克逊本人也在给**克林顿总统**的信中大肆渲染自己的悲苦处境。

左2是指（数）量词。

那些补给**老李同志**的工资也被偷了。

右2后为形容词。

他送［**小王老师**］的礼物精致极了。

(4) 左1是给予类双宾动词，左2是"把"字结构，右1为右边界确认标记。例如：

我已经把书给了［**他们俩**］。

有时，双名到底是组合成一个宾语，还是分离成两个宾语，边界上存在歧义，排歧往往需要更大的语境：
第一，双名多数情况组合成O1，或者分离成O1、O2。
(1) 左1是给予类双宾动词，右1是句末标记时，"代·数量名"有可能组合为O1。例如：

出国进修的机会大家都很眼红，最后上级只给了**他们两个人**。

该例中 O2 "出国进修的机会"话题化了。双名也有可能被分离为双宾。例如：

会干这种技术活的人本来就少，最后上级只给了**他们两个人**。

(2) 左1是称呼类双宾动词，右1是句末标记。"代·专名/可称呼名词"有可能组合为 O1、O2 话题化。例如：

"混子"可不是什么好词，他们竟敢当面就这样称呼**他小于**。

双名也有可能被分离为双宾。例如：

事后他笑着对我说："人家叫**你韩老**，可上年我陪方成来苏州，人家反倒叫**他老方**。"
五十年后，人家都叫**他阿公**了，才第一次回家看看。
老神婆说叫仙人实不敢当，你就叫**我老婆婆**吧。

(3) 左1是评价类双宾动词，右1是句末标记。"代·类化的专名（名人的名字）"有可能组合为 O1、O2 话题化。例如：

人民的勤务员，人们这样夸**他雷锋**。

双名也有可能被分离为双宾。如：

小张乐于助人，大家都夸**他雷锋**。

第二，更复杂的情况是双名既可能组合成 O1，也可能组合成 O2，或者分离成 O1、O2。

左1是称呼类双宾动词，右1为句末标点时，"专名·专职称呼词"到底是组合还是分离。例如：

颂莲想，卓云这样的女人容易讨男人喜欢，女人也不会太讨厌她。颂莲很快地就喊**卓云姐姐**了。

"喊卓云姐姐"这一形式，有下面三种可能：

喊［**卓云姐姐**］（同志）
喊（她）［**卓云姐姐**］
喊**卓云**］**姐姐**］

实际情况到底如何，必须结合语境来定。

（二）双名分离

实际语料反映出：当左1是双宾动词时，双名分离要多于双名组合，也就是说，名1作为短语左边界被否认的情况是大量的。

(1) 待检查的"代·性质类名词"，左1是评价类双宾动词，右1是句末标点。

同事们都在背后说**他马大哈**。
"我警告你，尽管你是我的女朋友，你也不可以骂**我混蛋**！"他大吼。

(2) 左1是评价类双宾动词、授予类双宾动词，名2可与右1组成固定（半固定）短语（例中画线部分）。

他便直夸**朱怀镜大将**风度。
政府追认**王伟烈士**称号。
学校授予**他博士**学位。

(3) 左1是给予类双宾动词、保证类双宾动词，名2可与右边部分组成倚变句。

你把试卷发给**他们两人**一张。

要确保**他们**3个人吃5个鸡蛋。

(4) 左1是给予类双宾动词，右1为"的"，右2是名词时，为了确认"n1·n2"可组合，还需在上下文中向左、向右再增加观察窗口，例如：
左2为助动词，右3是句末标点。

1990年最后一次拜访时，邓女士谈起要赠**我总理**的遗物。

(5) 左1是回答类双宾动词，名2可与右边部分组成"自己+X+自己"格式。

临上车了母亲还反复嘱咐**我自己**要照顾好自己。

(6) 左1是回答类双宾动词
右1是结构助词"的"，右2是名词。

陈玉英告诉**金枝自己**的来意。

右1是副词性代词。

告诉**我小张**怎么知道这件事的。

右1是判断动词。

我不告诉**你这人**是谁，我得为他的形象考虑。

右1是趋向动词。

不要告诉**书培你**来过了！

综上可知，当左1为双宾动词时，左边界有可能被确认，所以双宾动词不能作为左边界否认的强标记。但大量语料表明，左边界被否认的实例相当多，以上只总结了一部分规则。所以，机器处理真实文本碰到上述规则无法覆盖的语料时，把左边界否认作为优选分析结果先输出以等待后续处理，即把双宾动词看成一个近似于左边界否认的标记，应该是一个可行的办法。

第五节　有待进一步研究的若干问题

一、名1为全句话题

名1充当全句话题时，双名不能同位组构。而话题的形式标记是什么，这个问题还没有解决。例如：

1. 名1、名2语义上分别是动词的主事、客事

我们把事件中的主体统称做主事，包括一般意义上理解的施事、当事、领事等。把事件涉及的从体统称作客事，包括受事、结果、系事、与事等。

名1、名2分别是动词的当事、系事。例如：

她白毛女演得非常好。

你乡长都当不来，还当什么省长。

动词为否定形式，名2是"一＋量＋（名）"形式时，表示"任一、每一"等周遍义，而非单纯的数量义。例如：

惹得那些有女人的男人常来打她的主意，但**她一个**都没有看得上。

2. 名1、名2分别是动词的客事、主事

例如还有过一些报道，**作者我**压根没有见过。

黄达洪我也有好些年没见面了，看他发达到什么样子了？

连**雨杭**我都不肯了，我怎么肯去嫁给顾正峰呢？

有时，句中有人称代词回指名1。例如：

孩子我就把她抱走了，您尽管放心吧。

二、名1 为呼语

呼语是独立成分的一种，不跟别的成分发生句法结构关系。口头上有停顿，书面上也应有标点。但很多当代文学作品中，呼语后面没有停顿标记的情况非常多，构成"专名/称呼名词·代词"连在一起的形式，用前面的规则无法处理。

左1一般是"说、问、喊、叫、嚷"等动词。例如：

事后他们说**徐茵**你都可以的，在学校你这么长时间都没露。
女人问**婆婆**我能看你一眼吗？
颂莲正犹豫着是否先跟他打招呼，飞浦就喊起来，**颂莲**你早。

或者，左1有标点提示是对话。例如：

朱怀镜忙出来说："**琪琪**你去外面玩一会儿回来，爸爸妈妈有事。"
江雁容穿过江太太的卧房，对江太太说了声："**妈妈**我回来了！"

有时，句中有人称代词回指名1。例如：

陈小姐我也服了你啦！有这位经理大哥保驾，您前途无量……
我对不住你们母子，**阿英**我求你了！

三、结构关系歧解

（一）同位与主谓

从实际语料中只找出少量可确定"代+名"形式是主谓短语的规则：

(1) 右1是句末语气词"了"

我们采用比较通常的看法，认为语气词是加在整个句子上头的。

我们老朋友了，你吃什么干醋。

韩长兴望了望朱怀镜和玉琴，惊讶道："原来**你们老相识**了？我还想介绍你们认识哩。"

那你**哑巴**了？我同你商量，一直是说出来游泳。你早说我们可以安排别的活动呀？

许多研究者都认为，谓语位置上的名2具有顺序义或临时顺序义，整个句式表示变化义（邢福义，1984；马庆株，1991；项开喜，2001）。前两例中，名2是关系名词，句子表示双方实体名1通过变化具有名2这种关系。最后一例中，名2是表示性质的名词，句子表示实体名1通过变化具有名2这种属性。

(2) 右1是句末疑问语气词"吗""吧"等。例如：

他皱皱眉，求饶似地看着书婷："书婷，**你一个人**吗？"

"喂，**你小张**吧？"

第一例，用"吗"表示疑问程度大，是不知而问。第二例，用"吧"时，问话人已有一定的猜测，但还需要对方证实。两例均以是非问句来对名1、名2之间的同一性进行质疑。

(3) 左1是"以为"类小句宾语动词，包括"以为、认为、知道、相信"等。例如：

人家都以为**他神经病**。

(4) 左1是"嫌"类兼语动词,包括"嫌、讨厌、喜欢、爱、怕、恨、信、怪"等。例如:

小陈不是嫌**你**书呆子么,我们坏一个让他看看。

更多时候,必须通过语境来判断"代+名"、"专+名"、"名+专"等是否主谓结构。这些语境是:
(1) 名单
一些有关人事任免名单的决议、公告,往往采用"头衔类名词·专有名词"的形式,比如,《人民日报》1998年3月18日刊登的"九届政协专门委员会主任副主任名单":

主任　何光远

这种形式的表达功能是告知公众:某种职位是由何人担任的。其中,名1头衔类名词是有待断定的对象,名2专有名词是对名1作出的判定。类似地,介绍电影工作人员的字幕也多是"名·专"形式。例如:

此时,《一个和八个》摄制组正式成立。**导演张军钊**,**美工何群**,摄影是肖风和张艺谋。

关于《自由神》,"电影总目录"是这样记载的:由电通影片公司出品,1935年8月24日在上海金城大戏院首映。**编剧司徒慧敏**,导演也是司徒慧敏。主要演员有王莹、蓝苹、施超、顾梦鹤、周伯勋和吴光。

他的妻子蓝苹出演的是第一个小节目《两毛钱》。**编剧蔡楚生**。**导演司徒慧敏**。演员除了蓝苹外,还有梅熹和沈浮。

结合例中加点的上下文判断,这种语境中"名·专"处理成主谓关系比较合理。
(2) 打电话
打电话时,常用"第一人称代词·专名"形式,告诉对方自己的姓名。此时，也是表判断的主谓结构。例如：

> 朱怀镜抬腕看看手表，还有时间，便挂了覃原的电话："喂，覃秘书长吗？**我小朱**，对对，是我。您这会儿有空吗？"
>
> 他便挂了裴大年的电话："喂，贝先生？**我朱怀镜**。刚才看了你的光辉形象，很不错的。"
>
> 最后，他咬咬牙，还是抓起了电话。"喂，你好，**我李静**。"听着这饴糖般甜而柔滑的声音，朱怀镜手直发抖。

（3）当面谈话

在回答别人的问话或当面指责某人时采用的"第一/第二人称代词·名词"形式，多用于给自己或对方定性。例如：

> "你是谁？""**我经理**。"
> "冰儿！你该死！你为什么不干脆死掉？你存心谋杀我？**你混蛋**！你是疯子！你莫名其妙！你……"

结合例中加点的上下文判断，这种语境中"代·名"形式应处理成主谓关系。

（4）对比、排比式的陈述

当"专·名""名·专"形式出现在对比语境时，例如：

> "军长是谁？""肖锋！""什么？你再说一遍。"我发觉自己说错了话，赶紧纠正："我说错了，**军长朱绍清**，肖锋是副军长。"

"军长朱绍清"跟前文"军长是肖锋"、后文"肖锋是副军长"两个判断形成对比。

内部构成大致相同的短语排比出现，参照相关的上下文，也可认定是主谓短语。

（二）同位与偏正

名1是代词，名2是"（指/数量）+单方类关系名词"，名1跟名2是等同关系还是领有关系呢？例如：

> 我嫁到府来十八年，未曾有过儿子，我只生了**你这一个女儿**。
> 妈妈静静地说："我只有**你这一个女儿**，我不能眼看着你痛苦！"
> 我们曾家，是忠义传家啊！怎么会出了**你这样一个儿子**？

从这几个例子，似乎可归纳出：当主语是第一人称代词，宾语是"第二人称代词 +（指/数量）单方类关系名词"，动词是"生、养、有、出"等表示占有、生养等义的动词时，宾语位上的"代+名"为同位短语。但从大规模实例来看，同位与偏正的区分要取决于面对面交谈时的语境，依赖于听说双方角色分工比较明确。例如：

> 九哥缓和了口气又说："**我九哥**带兄弟们出来这一遭，让大家吃了辛苦。"
> 慈妈哀求地说："如果一定要罚，让**我这个老奶妈**来代她跪吧！小姐毕竟是金枝玉叶啊！"

当名1是专名，名2是可称呼单方类关系名词时，也有类似问题。像第五章举过的例子：

> 周佩箴乃**王弘之同学**的父亲，是孙中山委任的第一任中央银行行长。

判断"王弘之同学"为偏正而非同位关系的依据有两个：父子一般同姓，"周佩箴"正常情况下不会是"王弘之"的父亲；整个语篇并没有赋予"王弘之"以"同学"这一可称呼性身份。

（三）同位与联合

当"专名·双方类关系名词"左1是连词、左2是专名时，该形式还是不是同位短语？如：

> 张宁与［**邱会作夫妇**］无亲无故，成天住在邱会作家吃喝颇感拘谨。

[斯威兹和莉莎]**夫妇**之间有个很重要的共同点，他俩都一致认为：要为自己创造丰富的生活。

第一例中，"夫妇"之间无亲无故是不合常理的。第二例中，现代社会实行一夫一妻的婚姻制度，后文又有"他俩"来复指。凭借这些知识，人比较容易作出正确的选择。可是如果碰到以下句子，又没有足够的上下文语境和更多的背景知识时，人处理起来也会感到非常困难。例如：

教师有黄佐临、**丹尼夫妇**和吴仞之等。
（海明威的朋友哈罗德·洛布）特请海明威与**哈德莉夫妇**来他们家欢饮畅谈。

类似情况还有"单数人称代词/专名·数量短语（数字＞1）"形式，例如：

记得当时是郭绍虞先生和**我二人**给他所在的班级开设汉语语法课的。

总之，解决结构关系歧义需要获取并形式化表述更多的语境知识，这两方面的工作目前还很难做到。在此只提出问题，不进一步展开。

四、紧缩

名1、名2分别在不同小句中充当成分，二者之间没有直接的句法语义联系，书面上又缺乏应有的停顿。对这类特殊格式，需要作更系统、专题的研究，以下只列举一些。例如：

失去**荷西我**尚且如此，如果今天是我先走了一步，那么我的父亲、母亲及荷西又会是什么情况？
宋德福——办私事从不用公车，接**母亲自己**"打的"。
他撇下**林歌自己**带着二强去谈判。
一年后，她抱着**孩子自己**回国了。
每次打完**孩子她**都很难受。

选**模范他**躲得远远的。

发言是照着稿子念的，结果念出个**孔老三自己**还没发觉。

别人的**丈夫我**不管，也管不了。

有时，名1做介词宾语，整个介词结构做全句状语，名1、名2书面上没有停顿。例如：

由**杜牧我**想到了俄国十九世纪大作家果戈里。

他明白老伴的心意，为了**老伴自己**必须好好地活下去。

你男人交结上的事，我本不该说，但对**宋达清我**太了解了。

第六节 余 论

一、确认规则与否认规则

从以上的描写可以看出，依据内部规则确定的同位短语的候选成员，还要受到非常复杂的外部规则的制约，才能最终确定是不是同位短语的正式成员。

在外部规则的确认规则中，我们把这种制约主要限定在上下文中左右相邻词语的属性上，即假设双名同位短语的确认仅与小范围内词语的语言特征有关，这些特征包括词语的句法次类、句法功能、语义属性等。在外部规则的否认规则中，除了双名词语串相邻词语的属性仍是我们考虑的重要因素外，还根据语料中的实际情况，考虑了一定的句式对边界的否定作用。

确认规则与否认规则相比，前者多为强规则，更具归纳性；后者多为弱规则，一般只适用一定的内部形式，更具特殊性。因此，在规则的使用顺序上，可先使用确认规则，再使用否认规则。这样，确认规则所可能导致的少部分不完全正确的操作可由否认规则补救，从而最终产生正确的分析结果。

二、外部规则与内部规则

在前一章的讨论中，笔者曾经把同位短语内部构成从典型到非典型的变化概括为四个等级，依次为：1. 前后项均由惟有指性名词构成时，最典型；2. 后项由惟有指性名词构成时，次典型；3. 构成成分均为关系或非关系名词时，专有名词、可称呼的头衔、职业、性质类名词、数量名词、双方类关系名词居后位，较典型；4. 惟有指性名词（主要是泛称代词和人称代词）居前位时，最不典型。

　　再结合外部规则的否认规则来看，笔者发现：第一，最容易被否认（包括被分离以及与其他结构发生歧义）的形式是"代/专·名"。名1多为人称代词，名2为专名、头衔类、职业类、性质类、数量名词、双方关系甚至单方关系名词等。这些形式属内部规则所认定的最不典型形式。第二，其次容易被否认的是"名·专"形式，名1一般为头衔类、职业类、性质类名词。该形式可能由于名1与左邻词语组合而被分离，或者在一定语境中构成主谓结构关系。这些形式属内部规则所认定的较典型形式。第三，"名·代"形式位于句首，当名、代分别是动词的客事、主事，或者名是呼语时，双名有可能被分离。这些形式属内部规则所认定的次典型形式。第四，"代/专·自己"在句首时，笔者认为"自己"有状语化倾向，因此双名分离。而目前较通行的看法仍认为双名构成的同位短语作主语，即不被分离。这些形式属内部规则所认定的最典型形式。

　　简言之，最典型形式最不易被分离，次典型形式有可能被分离，较典型形式不仅可被分离还可能歧义，最不典型形式最易被分离和产生歧义，内部典型度与外部否认度正好是反比关系。

　　总之，本章突出强调了双名在语境中被确认和否认时的外部因素，但完整而正确的理解是：内部与外部因素共同作用，才导致双项指人名词构成的静态同位形式在实际语流中得以转换成动态同位形式或动态非同位形式。

第七章

小 结

第一节 本书研究的总结

一、研究特点

本书是面向中文信息处理的汉语语法基础研究，研究特点表现为：

首先，对观察到的语言现象作出了语言学的解释和说明，为中文信息处理构筑基于语言学规则的操作程序提供了基础的分析框架和分析样例。

其次，弥补传统语法研究针对性、动态性不足的缺点。研究自始至终针对机用特点，提供的规则务求细致、充分、有可操作性。同时，利用了大规模真实语料，把双项指人名词构成的同位词语串放到真实语言环境中去考察，做到了从动态角度来描写汉语。

二、研究意义

（一）理论价值

为了帮助计算机正确识别双项指人名词构成的同位短语，本书对与之有关的一系列语言学问题作了有益探索：

（1）明确指人名词的判定标准；阐明指人名词分类的必要性和方法；论证该方法的理据并拟定了分类框架；运用该方法进行分类实践，得出一个现代汉语指人名词分类系统。

(2) 归纳指人同位组构类型；总结指人同位组构规律；探讨同位短语的认知语义基础；论证同位短语独立的重要性。

(3) 明确外部研究要解决的问题；分析外部规则的类型、特点和表述形式；论述确认规则与否认规则、外部规则与内部规则的内在关系。

笔者希望，以双项指人名词构成的同位词语串研究为示例，可带动偏正、主谓、联合等其他词语串的研究，并由此扩展到对由其他名词构成的各类词语串的研究。这样的研究可加深对名名组构的全面认识，对计算机理解也有实际的用途。

（二）实用价值

本书的基本设想可体现为一个基于转换操作的计算机识别模型，因此具有一定的现实意义。下面举一个例子来说明计算机识别的基本步骤：

(1) 计算机在句处理阶段，碰到了已经过正确词语切分和词性标注的双名词语序列。例如：

邓/n 女士/n 谈/v 起/v 要/v 赠/v 我/r 总理/n 的/u 遗物/n。/w

(2) 假设本书第四章中对指人名词所做的分类研究及属性描写已贮存到机器可用的词典中去，通过查词典，计算机可获知名1、名2多方面的复杂特征。比如，"我"是第一人称代名词、具有惟有指性。"总理"是非关系、可用于称呼、官衔类指人名词，等等。

(3) 计算机调用语法规则库。搜索内部规则集，找到如下一条规则："人称代名词+官衔类"可组合，而且可构成同位短语，据此可对文本进行初始标注，加上待定标记。例如：

邓/n 女士/n 谈/v 起/v 要/v 赠/v [tw 我/r 总理/n] np 的/u 遗物/n。/w

(4) 搜索外部规则集。先查找边界确认规则，遍历后结果没有发现可用来肯定初始标注边界的规则，转换动作1无法执行。再查找边界否认规则，找到一条规则：当左1是给予类双宾动词，左2是助动词，右1是结构助词"的"，右2是名词时，将双边界待定标记转换为否认标记。计算机据此可执行转换动作 2，例如：

邓/n 女士/n 谈/v 起/v 要/v 赠/v [tw 我/r] [总理/n np 的/u 遗物/n 。/w

这样，计算机就最终识别出语流中的这个双名词语串能否组合成同位短语。

(5) 有时候，一些词语串经过上述步骤后，仍无法执行最后的转换操作，如第六章讨论的同位与主谓结构的歧义，解决这些难题所需的可形式化的更远距离的上下文信息、更广泛的语境知识尚有待进一步的发掘。

第二节　与本书研究相关的若干问题

一、语言工程是系统工程

本书在开篇中就强调过，研究的最终目的是服务于汉语的自然语言理解，直接目的是服务于汉语语料库加工中的句法加工需要。在竭力发现、总结句法规则的过程中，笔者深切地认识到语言是个系统、语言工程是个系统工程。

(1) 句法加工与词语加工等的有机联系

本书所做的句法加工规则研究，其基础是正确的词语切分和标注。比如，研究指人名词构成的双名词语串时，从经过词语加工的语料中抽取到这样的例子（例中仅把错误标注之处标出）：

这位孟小姐将在我们**家长**/n 住吗？
教授/n 您护肤秘诀。

第一例是由交集型歧义（即"长"该跟"家"还是该跟"住"成词）造成的分词错误及相应的词语标注错误。第二例中，"教授"本应是动词，可例中都被错误地标成名词。如果以这样的语料为基础，势必导致错误的句法分析结果。

但这只是问题的一个方面，从另一角度看，句法加工对词语加工也具有反作用。这意味着，根据句法加工规则，反过来可以解决词语加工中的一些问题。比如，本书在第五章给出了双名同位组构的内部规则，像"专名+称呼类名词""头衔类名词+专名"，等等。这些句法规则有助于解决自动分词时的中文人名边界识别这一难题，即在称呼类名词前出现，则为姓名的右边界；在头衔类名词后，则为姓名的左边界。

不仅句法加工与词语加工之间存在着这样的有机联系，句法加工与语义、语用加工也存在着如此密切的联系：一方面，自然语言理解的终极目标是实现句子意义的理解，句法分析归根到底只是为下一步的语义、语用加工提供基础；另一方面，在句法加工的过程中，也需要以一定的语义、语用知识来支撑。任一层面的分析都需要配备对其他层面知识的深入了解，而这些知识的获取又非一日之功。所以，服务于汉语自然语言理解的系统语言知识库的构建必将任重道远。

（2）对本书所用规则方法的再思考

本书主要使用的是一种基于词语复杂特征的方法。这种方法的一个基本出发点是每个词语的句法、语义、语用、语音等多方面语言属性构成的复杂特征直接影响语言结构。这种方法比较强调对结构体中最小单位（主要是词）的描述，把较多的规则放到词典中去，这样可实现由词典来控制句法和语义等的分析。

第四章根据对名名组构有重要影响的属性特征对指人名词作了分类描写。在此基础上，第五章提供的规则比较强调指人名词自身属性对其同位组构的内部限制。第六章的外部规则，则假定双项指人名词同位组构的外部限制仅与小范围内词语 [−2，+2] 的复杂特征有关，以限定所讨论的上下文空间。从第五、六章的讨论似乎可以得出结论：指人名词自身属性以及邻近词语属性共同作用，导致了双项指人名词可组构或不可组构。

从真实语料中可以发现，这一结论并不够完善。双名组构除了跟内部构成的各词语的属性、比较近的周边词语的属性有关，还跟更广泛的上下文中的词语属性、双名所在的句式、远距离的搭配、语境知识等因素都有关系。虽然我们在外部边界否认规则的描写中也涉及了一些，但还远远不够。例如：

那何世纬 i 是北方人，Φi 毕业于北大，Φi 和<u>裴绍谦两人</u> j 毛遂自荐，

Φj 要管理立志小学。这所小学,荒废已久,幸亏有他们两个,才上了轨道。

联系上下文,从功能的角度看,"裴绍谦两人"包含了隐略(例中以符号"Φ"表示隐略成分,下标 i、j 表示词语所指对象,下标字母相同,则所指相同)。(范开泰,1990)如何把这样的知识融入目前的句法加工中去,避免机械层次分析时的形式化倾向,这些都是值得仔细考虑的。

二、两可现象与语法规则

本书的主要精力是为了给计算机提供清晰有效、不矛盾甚至说一不二的语法规则,因此讨论的大多是比较"常规"的语法现象。但不可否认,语言中的确存在着那些用不同的甚至对立的语法规则分析都可以讲得通的语法现象。这也就是张斌先生(1998)曾经指出的语法分析中的两可现象。①

如果用原型范畴(prototype–based category)理论来解释,两可现象由于同时具有不同范畴的特征,因此对这不同的范畴而言,它应该都是一种非典型、"非常规"的语法现象。在正文中笔者对此涉及较少,这里以外部规则为例谈谈该现象。

(1)组合//分离

按照第六章中的边界确认规则,以下例子中的双名应该组合;可按照边界否认规则,双名分离也是可以的。两种处理都未改变语句表达的含义。例如:

故事里多多少少有一点**他个人**经历吧?

按照确认规则,左 1 是数量词语,右 1 是一价名词,双名"他·个人"可组合。上例用另一条否认规则也解释得通,即把"个人经历"看成是跟"个人主义、个人问题"等相近的固定(半固定)短语,这时名 2 要优先跟名 1 组合,致使名 1、名 2 分离。又如:

你一个人三间房。

---

① 参见张斌:《汉语语法学》,上海教育出版社 1998 年版。

按照确认规则，上面两例，左1是零形式，右1分别是数量短语、副词，双名可组合。可是，如果跟"他们三个人一间房""他自己照顾自己"等相比，也可把名2看成是属于某种特定的格式或句式，则名1、名2分离。再如：

老彭，我对不起你们，对不起老区人民，**我这县委书记**没有当好啊！
信访工作搞好了，**我这个县委书记**就好当了。

按照确认规则，上面两例，左1是标点，右1分别是副词，双名可组合。可是，如果跟"你乡长都当不来，还当什么省长"等例相比，名1是全句话题，双名应分离。

（2）同位//主谓

当名1是代词或专名，名2是"一+量+非关系名词"，左1是零形式、标点或小句宾语动词等，右1是停顿性标记时，分别如：

靖萱一个女孩子家，父母要她嫁谁就嫁谁，她有什么资格不愿意？
还有的同事劝他雇个小保姆帮帮手，可他觉得工资有限不说，再则，**自己一个男人家**，雇来一个小姑娘当保姆，难免招来闲言碎语。
她心想**自己一个老婆子**，又没杀人放火，怕甚？

如果把双名看成处于话题或主语位置，全句是围绕双名所指对象进行的陈述，那么，双名应该组合为名词性的同位短语。但是如果跟以下两种现象相比，上述情况处理成小句性功能的主谓短语也是可以的。

a. 名2是比较实在的具体数量。例如：

你们两个宝贝，还不给我滚进来呢！在外面商量些个什么歪话，我们全听得清清楚楚！
我们三个医生，合力来挽救她，能做的事都已经做了！

这两例中，数词分别为"两""三"，双名处理成同位短语基本上没有什么争议。但是当数词为"一"时，计数功能比较虚，中心语名词的定性功能就相对比较突出。因此，刘街生（2004）认为，这种形式作为一个独立结构存在时，后项有谓语化倾向。比如：

老史一个一般副局长，要不是因为各自分管的工作碰到交叉需要协调，主动去谈工作就不妥。（刘街生例）

b. 右1没有停顿。比如：

我一个女孩儿家这样抛头露面的，本来就容易引人侧目。我看……
我母亲见**他一个男人**带一帮儿女也不容易，认为贫苦人家的孩子老实，便答应下来了。

一般的观点是以停顿作为区分单句和复句的标准之一：句中没有逗号，则看成单句；句中用上了逗号，则看作复句。如果这样的话，右1没有停顿的这三例，双名看成单句中的主语比较好。而上面右1有停顿标记、名2数词为"一"的三例，应看成复句，双名作为小句而存在，就有可能分析成表独立判断的主谓短语。

张斌先生（1998）指出这种现象"既然是两可，采取一种分析方法就行了。当然，究竟采取哪种方法，应该根据某个语法体系的规定，这样才不会出现前后矛盾的情况"。因此，对于上面列举的种种现象，可以根据它跟哪一类的共性更多，综合考虑多方面因素来决定取舍，只要不矛盾，优选出一种分析方法就可以了。

三、语法/非语法形式与静态/动态

本书在句法加工中采用的是层次分析法（即直接成分分析法，亦称IC分析），这是结构主义的一种析句方法。与之相适应，本书也较多地运用了结构主义语言学的一些术语，比如多次提到的"语法形式"与"非语法形式"。

这里首先把朱德熙（1962）《句法结构》及马真、陆俭明（1996）几位先生的相关阐述介绍一下：

1. 语法形式：运用层次分析法后得到的大大小小的合法的语言片段。如：

[[[全世界][[爱好和平]的]人]][都[反对[使用[原子武器]]]]

例中，词与词之间以空格隔开，每个组合用左右括号匹配的形式表示。词是最小的片段，是成分，不是组合；句子是最大的片段，是组合，不是成分；短语是介于两者之间的片段，既是成分，又是组合。这三类语言片段都是"语法形式"。①

2. 非语法形式：从层次分析的角度看彼此不构成直接组成成分关系的词语串。一种是在任何情况下都不可能构成直接组成成分关系的词语串，这些形式也都没有意义，如"人都"。另一种是在有的组合里不能构成直接组成成分关系的词语串，如"爱好和平的人都反对使用原子武器"在别的场合可能是语法形式，但在上例中虽然有意义，但既非组合，亦非成分，因此不是语法形式。

为了让这对概念更好地服务于自然语言理解的需要，本书引入了静态与动态这对概念，对上面的论述在以下两个方面做了一些补充：

（1）把语法形式与非语法形式出现的场合分成静态与动态两种

笼统地说一种形式在这种或那种场合是或不是语法形式，把不同场合放在一个层面上并提，这主要是从切分角度来考虑的。从自然语言组块理解的角度出发，笔者建议把场合分成静态、动态两个层面，这样更有利于说明问题。静态，仅指某一形式本身；动态，指该形式出现在更大的组合环境中。引入这对概念之后，上面的论述就能够讲得更清楚一点，即静态与动态这两种不同的场合中，各有语法与非语法形式的对立，这种合法与非法的对立在各自的场合中不存在互变的可能；语法形式与非语法形式的互变只发生在静态与动态之间，转变的方向只能是从静态到动态。上述规律可如图7-1所示：

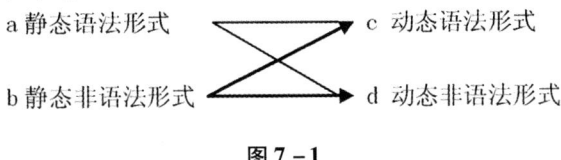

图 7-1

---

① 着重号为引者加。

具体实例，如：

① a 至 c "下雨"与"会下雨"
② a 至 d "下雨"与"下//雨和雪"
③ b 至 c "他头"与"把他头砍下来"
④ b 至 d "他头"与"他//头很疼"或者"他已经"与"他//已经吃过饭了"

本书第五、六章的研究基本上只谈到第一、二种，没有讨论第三、四种。第四种谈起来比较复杂，所以从略了。实际语料证明，第三种虽然有，也是非常少的。比如：

在寒风里站了一会儿，我爷爷和我的几个叔叔，以及我的哥哥和**本人我**，早已经是有点不耐烦了，可是再一看我爷爷，他老人家却一点回院的意思也没有。

根据第五章的内部规则，"反身代词·人称代词"是静态非语法形式，笔者从一千余万字的语料中只检索出上面一例，而且其出现有条件限制：名2只能是第一人称代词。在该场合下，静态非语法形式才得以变成动态语法形式。

顺便提一下，人们已经注意到无条件非语法形式（如"他已经"），却很少探讨无条件语法形式。这个道理很简单，因为语法形式的三种单位：词、短语、句子，都是可以再组合的，而某一语法形式进入任何组合都能保证原有的形式仍然合法，即无条件地合语法，这种可能性从理论上讲，即使有的话，也会非常小。

（2）区分两种场合中的形式与意义

再把意义因素考虑进来。朱德熙（1962）指出："世界爱好""人都"等都没有意义。"爱好和平的人都反对使用原子武器""人都反对使用原子武器"都有意义，但是在"世界爱好和平的人都反对使用原子武器"里不是语法形式，在别的场合里可能是语法形式。吴蔚天、罗建林（1994）认为，"爱好和平的人都反对使用原子武器"和"人都反对使用原子武器"两个语言片段在"世界爱好和平的人都反对使用原子武器"中既非组合，亦非成分，也不是语法形式，但单独看时又都是语法形式，也都有语法意义，这种说法相互矛盾。因此，他们强调，语法形式与意义之间最好能有一个固定的关系，这是语法研究中的一个原则问题。

笔者比较赞同吴、罗二位先生的观点，一个有意义的语言片段一会儿是语法形式、一会儿又不是语法形式，意义与形式的关系脱节到这个程度，让人很难理解。形式与意义之间应该有比较固定的一一对应关系。

笔者认为，如果能区分不同的场合谈这个问题，就会清楚一点，因为形式与意义总是在特定的场合中存在的。像上面所谈的，"人都""我已经"等词语串在任何场合中都不可能组合成语法形式，所以没有意义，即静态、动态的非语法形式均没有意义这一点是公认的。而从静态到动态场合，语法形式变成非语法形式，意义也会发生相应的变化，这一点却常常为人所忽略。

一个线性序列出现在静态场合时，如果是合语法形式，自然会有相应的语法意义，如"人都反对使用原子武器"；看似相同的线性序列出现在动态场合时，如果是非语法形式，连合法的结构都无法构成，就根本谈不上结构的意义问题，如"世界爱好和平的人都反对使用原子武器"。认为该线性序列一直"有意义"的说法，是没看到在静态、动态两种场合中，该语符串的表层线性序列虽然相同，深层的结构层次及关系等都完全不同，误把原先静态场合中的意义带到了动态场合中。

参考文献

一、中文参考文献

[1] 北京语言学院语言教学研究所：《现代汉语频率词典》，北京语言学院出版社1986年版。

[2] 蔡莉：《谈谈名词谓语句的特点》，见《语文学习》编辑部：《语言大观》，上海教育出版社2000年版。

[3] 蔡希芹：《中国称谓辞典》，北京语言学院出版社1994年版。

[4] 蔡维天：《自己、自性与自然》，载《中国语文》，2002年第4期。

[5] 陈宁萍：《现代汉语名词类的扩大——现代汉语动词和名词分界线的考察》，载《中国语文》，1987年第5期。

[6] 陈平：《释汉语中与名词性成分相关的四组概念》，载《中国语文》，1987年第2期。

[7] 陈平：《现代语言学研究：理论、方法与事实》，重庆出版社1991年版。

[8] 陈群：《"我（你、他）+姓名"的表达功用》，见《语文学习》编辑部：《语言大观》，上海教育出版社2000年版。

[9] 陈群秀：《现代汉语名词槽关系系统研究初步进展》，载《语言文字应用》，2000年第1期。

[10] 陈琼瓒：《修饰语和名词之间的"的"字研究》，载《中国语文》，1955年10月号。

[11] 陈小荷：《一个面向工程的语义分析体系》，载《语言文字应用》，

1998年第2期。

[12] 陈小荷：《现代汉语自动分析》，北京语言文化大学出版社2000年版。

[13] 陈小明：《现代汉语爱称研究》，见南开大学《语言学论辑》编委会编：《语言学论辑》第2辑，北京语言学院出版社1996年版。

[14] 陈月明：《现代汉语社交称谓系统及其文化印记》，载《汉语学习》，1992年第2期。

[15] 储泽祥：《两个指人名词组合造成的复指短语》，载《汉语学习》，1998年第3期。

[16] 储泽祥：《"老/小·姓+称谓性指人名词"格式的使用情况考察》，载《语言文字应用》，2003年第3期。

[17] 储泽祥：《"一个人"的固化及其固化过程》，载《华中师范大学学报》，2003年第5期。

[18] 崔希亮：《"大姐"与"小姐"》，载《学汉语》，1991年第3期。

[19] 崔希亮：《人称代词修饰名词时"的"字隐现问题》，载《世界汉语教学》，1992年第3期。

[20] 崔希亮：《现代汉语称谓系统与对外汉语教学》，载《语言教学与研究》，1996年第2期。

[21] 崔希亮：《人称代词及其称谓功能》，载《语言教学与研究》，2000年第1期。

[22] ［日］大西智之：《亲属称谓词的自称用法刍议》，载《世界汉语教学》，1994年第4期。

[23] 丁声树：《现代汉语语法讲话》，商务印书馆1961年版。

[24] 丁信善：《语料库语言学的发展及研究现状》，载《国外语言学》，1998年第1期。

[25] 董振东、董强：《知网和汉语研究》，载《当代语言学》，2001年第1期。

[26] 董振东、董强：《面向信息处理的词汇语义研究中的若干问题》，载《语言文字应用》，2001年第3期。

[27] 段慧明等：《大规模汉语标注语料库的制作与使用》，载《语言文字应用》，2000年第2期。

[28] 范晓：《关于结构和短语问题》，载《中国语文》，1980年第3期。

[29] 范晓：《介宾短语·复指短语·固定短语》，人民教育出版社1990年版。

[30] 范晓：《汉语的短语》，商务印书馆1991年版。

[31] 范晓：《三个平面的语法观》，北京语言学院出版社1996年版。

[32] 范晓：《论名核结构》，见范开泰、齐沪扬主编：《语言问题再认识》，上海教育出版社2000年版。

[33] 范继淹：《"的"字短语代替名词的语义规则》，载《中国语文通讯》，1979年第3期。

[34] 范开泰、张亚军：《现代汉语语法分析》，华东师范大学出版社2000年版。

[35] 范开泰：《省略、隐含、暗示》，载《语言教学与研究》，1990年第2期。

[36] 范开泰：《与汉语名词项的有定性有关的几个问题》，见《语法研究和探索（六）》，语文出版社1992年版。

[37] 方经民：《日汉代词称谓系统的结构、语用对比》，载《松山大学言语文化研究》，1999年18卷2号。

[38] 房玉清：《实用汉语语法》，北京语言学院出版社1992年版。

[39] 冯凭：《谈名词充当谓语》，载《汉语学习》，1986年第3期。

[40] 冯志伟：《特思尼耶尔的从属关系语法》，载《国外语言学》，1983年第1期。

[41] 冯志伟：《计算语言学向理论语言学的挑战》，载《语言文字应用》，1992年第1期。

[42] 冯志伟：《自然语言的计算机处理》上海外语教育出版社1996年版。

[43] 冯志伟：《中国语料库研究的历史与现状》，http：//cslp. comp. nus. edu. sg/cgi-win/journal/paper. exe，2002。

[44] 傅爱平：《词汇功能语法》，载《国外语言学》，1990年第1、2期。

[45] 傅承德：《〈词汇映射理论〉评介》，载《国外语言学》，1993年第1期。

[46] 傅承德：《把词汇规则概念引入汉语语法研究》，见《九十年代的语

法思考》，北京语言学院出版社 1994 年版。

［47］高更生、王红旗：《汉语教学语法研究》，语文出版社 1996 年版。

［48］高名凯：《汉语语法论》，商务印书馆 1986 年版。

［49］顾阳：《论元结构理论介绍》，载《国外语言学》，1994 年第 1 期。

［50］顾曰国：《语料库与语言研究》，载《国外语言学》，1998 年第 1 期。

［51］郭锐：《表述功能的转化和"的"字的作用》，载《当代语言学》，2000 年第 1 期。

［52］郭锐；《现代汉语词类研究》，商务印书馆 2004 年版。

［53］郭继懋：《常用面称及其特点》，载《中国语文》，1995 年第 2 期。

［54］郭绍虞：《汉语语法修辞新探》，商务印书馆 1979 年版。

［55］韩陈其：《试论"名·名"结构的内部修饰义》，载《中国语文通讯》，1982 年第 4 期。

［56］韩陈其：《再论"名·名"结构的内部修饰义》，载《徐州师院学报》，1984 年第 1 期。

［57］韩陈其：《三论"名·名"结构的内部修饰义》，载《汉语学习》，1986 年第 1 期。

［58］韩万衡、韩玉贤：《德国配价论与汉语配价研究》，载《天津外国语学院学报》，1994 年 Z1 期。

［59］韩万衡、韩玉贤：《德汉动词配价对比词典的理论基础与编写方案》，载《天津外国语学院学报》，1995 年第 1 期。

［60］韩万衡、韩玉贤：《德汉动词配价对比词典的理论基础与编写方法（续）》，载《天津外国语学院学报》，1995 年第 2 期。

［61］韩万衡：《德语配价句法》，商务印书馆 1992 年版。

［62］韩万衡：《配价论的基本概念与研究方法》，载《天津外国语学院学报》，1993 创刊号。

［63］韩志刚：《现代汉语社会面称语的组合规则及其功能》，载《汉语学习》，2001 年第 1 期。

［64］侯敏：《"P + NP1 + 的 + NP2"结构的分化处理》，载《语言文字应用》，1998 年第 1 期。

［65］侯敏：《计算语言学与汉语自动分析》，北京广播学院出版社 1999

年版。

[66] 胡附、文炼:《现代汉语语法探索》,商务印书馆1990年版。

[67] [法] 泰尼埃尔:《结构句法基础》,见胡明扬主编,胡明扬、方德义选译:《西方语言学名著选读》,中国人民大学出版社1988年版。

[68] 胡明扬:《北京话的称谓系统》,载《中国语》,1981年第1期。

[69] 胡裕树:《现代汉语(增订本)》,上海教育出版社1987年版。

[70] 胡中文:《专名词语的类别》,见《语言研究论丛(第七辑)》,语文出版社1997年版。

[71] 胡壮麟:《语言·认知·隐喻》,载《现代汉语》,1997年第4期。

[72] 胡壮麟:《认知隐喻学》,北京大学出版社2004年版。

[73] 华宗德:《德语的配价省略与认知》,载《外国语》,1994年第5期。

[74] 黄河:《关于同位结构》,载《汉语学习》,1992年第1期。

[75] 黄伯荣、廖序东:《现代汉语(增订本)》,高等教育出版社1991年版。

[76] 黄昌宁、李涓子:《语料库语言学》,商务印书馆2002年版。

[77] 黄国营:《"的"字的句法、语义关系》,载《语言研究》,1982年第1期。

[78] 黄国营:《现代汉语的歧义短语》,载《语言研究》,1985年第1期。

[79] 黄锦章:《汉语格系统研究——从功能主义的角度看》,上海财经大学出版社1997年版。

[80] 黄南松:《非教师称"老师"的社会调查》,见《北京话研究》,北京燕山出版社1989年版。

[81] 黄瓒辉:《焦点、焦点结构及焦点的性质研究综述》,载《现代外语》,2003年第4期。

[82] 黄瓒辉:《人称代词"他"的紧邻回指和紧邻预指》,见《语法研究和探索(十二)》,商务印书馆2003年版。

[83] 黄曾阳:《HNC(概念层次网络)理论》,清华大学出版社1998年版。

[84] 贾彦德:《汉语语义学》,北京大学出版社1999年版。

[85] 金顺德:《词汇功能语法》,见《当代西方语法理论》,上海外语教育出版社1994年版。

[86] 靳光瑾、郭曙纶、肖航、章云帆：《语料库加工中的规范问题》，载《语言文字应用》，2003年第4期。

[87] 孔令达：《"名1+的+名2"结构中名2省略的语义规则》，见邵敬敏主编：《九十年代的语法思考》，北京语言学院出版社1994年版。

[88] 雷长怡：《同位词组的类型》，载《语言大观》，上海教育出版社2000年版。

[89] 黎锦熙、刘世儒：《汉语语法教材》，商务印书馆1957年版。

[90] 黎锦熙：《新著国语文法》，商务印书馆1992年版。

[91] 李洁：《Kalevi Tarvrinen 的〈从属语法导论〉》，载《国外语言学》，1986年第3期。

[92] 李洁：《德语配价理论的发展及成就》，载《外语教学与研究》，1987年第1期。

[93] 李晋荃：《多切分名词性偏正短语》，见《语法研究和探索（六）》，语文出版社1992年版。

[94] 李临定：《李临定自选集》，河南教育出版社1993年版。

[95] 李人鉴：《关于所谓"同位词组"》，载《扬州师院学报（社会科学版）》，1986年第2期。

[96] ［英］利奇：《语义学》，李瑞华等译，上海外语教育出版社1987年版。

[97] 廖秋忠：《廖秋忠文集》，北京语言学院出版社1992年版。

[98] 林祥楣：《代词》，上海教育出版社1984年版。

[99] 林杏光：《中文信息界的语义研究谭要》，载《语言文字应用》，1998年第3期。

[100] 林杏光：《词汇语义和计算语言学》，语文出版社1999年版。

[101] 刘爱伦：《思维心理学》，上海教育出版社2002年版。

[102] 刘长征：《基于词性标注语料库的名词序列捆绑研究》，见《中文信息处理国际会议论文集》，清华大学出版社1998年版。

[103] 刘大为：《领属关系的约束性》，见邵敬敏主编：《九十年代的语法思考》，北京语言学院出版社1994年版。

[104] 刘丹青、徐烈炯：《焦点与背景、话题及汉语"连"字句》，载《中国语文》，1998年第4期。

[105] 刘丹青:《对称格式的语法功能及表达作用》,见《语文知识丛刊》,地震出版社 1982 年版。

[106] 刘丹青:《亲属关系名词的综合研究》,载《语文研究》,1983 年第 4 期。

[107] 刘丹青:《汉语相向动词初探》,见《语言研究集刊》,江苏教育出版社 1986 年版。

[108] 刘丹青:《名词短语的构成和功能》,见《中学教学语法系统阐要》,语文出版社 1986 年版。

[109] 刘丹青:《汉语相互性实词的配价及其教学》,见《配价理论与汉语语法研究》,2000 年。

[110] 刘丹青:《所谓量词的类型学分析,北京语言大学对外汉语研究中心讲座》,www.blcu.edu.cn/cscsl_y/newworks/LiuDQ.doc,2002。

[111] 刘慧清:《信息处理用名动词语串研究》,上海师范大学博士学位论文,2000 年。

[112] 刘街生:《现代汉语同位组构研究》,华中师范大学出版社 2004 年版。

[113] 刘开瑛:《中文文库自动分词和标注》,商务印书馆 2000 年版。

[114] 刘连元:《现代汉语语料库研制》,载《语言文字应用》,1996 年第 3 期。

[115] 刘宁生:《汉语怎样表达物体的空间关系》,载《中国语文》,1994 年第 3 期。

[116] 刘宁生:《汉语偏正结构的认知基础及其在语序类型学上的意义》,载《中国语文》,1995 年第 2 期。

[117] 刘顺:《现代汉语名词的多视角研究》,学林出版社 2003 年版。

[118] 刘维群:《现代汉语亲属称谓的语义分析》,见《语言学论辑》,天津人民出版社 1993 年版。

[119] 刘扬、于江生、俞士汶:《CCD 构造模型及 VACOL 辅助软件的设计与实现》,载《语言文字应用》,2003 年第 1 期。

[120] 刘月华:《定语的分类和多项定语的顺序》,见《语言学和语言教学》,安徽教育出版社 1984 年版。

[121] 刘月华:《实用现代汉语语法》,外语教学与研究出版社 1983 年版。

[122] 刘泽民：《论同位结构》，载《西北师大学报（社会科学版）》，1997年第2期。

[123] 柳传瑾、马履周：《浅谈同位词组的修饰语》，载《青海师范大学学报（社会科学版）》，1987年第1期。

[124] 陆丙甫：《定语的外延性、内涵性和称谓性及其顺序》，见《语法研究和探索（四）》，北京大学出版社1988年版。

[125] 陆丙甫：《汉语定语的分类及其顺序》，载《华文世界》，1989年第4期。

[126] 陆丙甫：《核心推导语法》，上海教育出版社1993年版。

[127] 陆丙甫：《汉语"的"和日语"の"的比较》，载《现代中国语研究》，2000年第1期。

[128] 陆丙甫：《指人名词组合语序的功能解释》，载《中国语文》，2005年第4期。

[129] 陆俭明：《由指人的名词自相组合造成的偏正结构》，见周祖谟等编：《中国语言学报（第二期）》，商务印书馆1985年版。

[130] 陆俭明：《现代汉语中数量词的作用》，见《语法研究和探索（四）》，北京大学出版社1988年版。

[131] 陆俭明：《汉语句法成分特有的套叠现象》，载《中国语文》，1990年第2期。

[132] 陆俭明：《陆俭明自选集》，河南教育出版社1993年版。

[133] 陆俭明：《同类词连用规则刍议》，载《中国语文》，1994年第5期。

[134] 陆俭明：《现代汉语语法研究教程》，北京大学出版社2004年版。

[135] 陆志韦：《汉语的构词法（修订本）》，中华书局1964年版。

[136] 吕叔湘、朱德熙：《语法修辞讲话》，中国青年出版社1952年版。

[137] 吕叔湘：《语法学习》，中国青年出版社1953年版。

[138] 吕叔湘：《中国文法要略（修订本）》，商务印书馆1956年版。

[139] 吕叔湘：《现代汉语单双音节问题初探》，载《中国语文》，1963年第1期。

[140] 吕叔湘：《汉语语法分析问题》，商务印书馆1979年版。

[141] 吕叔湘：《现代汉语八百词》，商务印书馆1980年版。

［142］吕叔湘：《"的"和两种名·名结构》，见《语文杂记》，上海教育出版社1984年版。

［143］吕叔湘：《"他的老师教得好"和"他的老师当得好"》，见《语文杂记》，上海教育出版社1984年版。

［144］吕叔湘：《领格表受事及其他》，见《语文杂记》，上海教育出版社1984年版。

［145］吕叔湘：《近代汉语指代词》，学林出版社1985年版。

［146］吕叔湘：《关于汉语词类的一些原则性问题》，见《吕叔湘文集（汉语语法论文集）》，商务印书馆1990年版。

［147］马建忠：《马氏文通》，商务印书馆1983年版。

［148］马宁生：《"老师"小析》，载《语文学习》，1997年第10期。

［149］马庆株：《指称义动词和陈述义名词》，见《语法研究和探索（七）》，商务印书馆1995年版。

［150］马庆株：《多重定名结构中形容词的类别和次序》，载《中国语文》，1995年第5期。

［151］马庆株：《汉语语义语法范畴问题》，北京语言文化大学出版社1998年版。

［152］马真、陆俭明：《"名词+动词"词语串浅析》，载《中国语文》，1996年第3期。

［153］梅家驹：《同义词词林》，上海辞书出版社1983年版。

［154］梅家驹主编：《现代汉语搭配词典》，汉语大词典出版社1999年版。

［155］苗传江等：《功能合一语法》，载《语言文字应用》，1995年第3期。

［156］［日］木村英树：《汉语第三人称代词敬语制约现象的考察》，载《中国语文》，1990年第5期。

［157］潘海华：《词汇映射理论在汉语句法研究中的应用》，载《现代外语》，1997年第4期。

［158］潘建华：《每个句子都有焦点吗》，载《山西师大学报》，2000年第3期。

［159］彭睿：《名词和名词的再分类》，见胡明扬：《词类问题考察》，北京语言文化大学出版社1996年版。

[160] 任海波、范开泰：《现代汉语真实文本短语标注的若干问题》，载《语言文字应用》，2000年第1期。

[161] 任海波：《基于语料库的现代汉语短语自动切分规则研究》，上海师范大学博士学位论文，2000年。

[162] [俄] 科索夫斯基等：《语义场理论概述》，载《语言学动态》，1979年第3期。

[163] 邵敬敏主编：《九十年代的语法思考》，北京语言学院出版社1994年版。

[164] 沈阳：《现代汉语空语类研究》，山东教育出版社1994年版。

[165] 沈阳主编：《配价理论与汉语语法研究》，语文出版社2000年版。

[166] 沈家煊：《"有界"与"无界"》，载《中国语文》，1995年第5期。

[167] 沈家煊：《"在"字句和"给"字句》，载《中国语文》，1999年第2期。

[168] 沈阳、郑定欧主编：《现代汉语配价语法研究》，北京大学出版社1995年版。

[169] 石安石：《亲属词的语义成分试析》，见《语言学论丛（第九辑）》，商务印书馆1982年版。

[170] 石毓智：《语法的认知语义基础》，江西教育出版社2000年版。

[171] 史佩信：《汉语时间表达中的"前后式"与"来去式"》，载《语言教学与研究》，2004年第2期。

[172] 束定芳：《隐喻学研究》，上海外语教育出版社2000年版。

[173] 宋春阳：《面向信息处理的现代汉语"名+名"逻辑语义研究》，学林出版社2005年版。

[174] 孙宏林：《从标注语料库中归纳语法规则："V+N"序列实验分析》，见《语言工程》，清华大学出版社1997年版。

[175] 孙宏林：《词语搭配在文本中的分布特征》，见《中文信息处理国际会议论文集》，清华大学出版社1998年版。

[176] 谭景春：《名形词类转变的语义基础及相关问题》，载《中国语文》，1998年第5期。

[177] 汤廷池：《国语的"的"字句》，载《国语语法研究论集》，学生书

局1979年版。

[178] 陶红印：《相互动词及相互动词句》，见《句型和动词》，语文出版社1987年版。

[179] 遆永顺：《称呼语及其使用》，载《语言教学与研究》，1985年第2期。

[180] 涂纪亮：《语言哲学名著选辑（英美部分）》，生活·读书·新知三联书店出版社1988年版。

[181] 王伯浩：《几个大的语料库评介》，载《国外语言学》，1998年第1期。

[182] 王灿龙：《人称代词"他"的照应功能研究》，载《中国语文》，2000年第3期。

[183] 王灿龙：《说"VP之前"与"没（有）VP之前"》，载《中国语文》，2004年第5期。

[184] 王惠、朱学锋：《现代汉语名词的子类划分及定量研究》，见《面临新世纪挑战的现代汉语语法研究》，山东教育出版社2000年版。

[185] 王惠：《中文信息处理中的语言难题征答》，载《语言文字应用》，1998年第3期。

[186] 王惠：《从组合特征看现代汉语名词词义单位划分》，见《语言学论丛（二十七辑）》，商务印书馆2003年版。

[187] 王惠：《现代汉语名词词义组合分析》，北京大学出版社2004年版。

[188] 王会、应学凤：《"小"类称谓性指人名词的感情色彩探微》，载《井冈山学院学报（哲学社会科学）》，2005年第6期。

[189] 王珏：《现代汉语名词研究》，华东师范大学出版社2001年版。

[190] 王力：《中国现代语法（增订本）》，中华书局1954年版。

[191] 卫志强：《称呼的类型及其语用特点》，载《语用研究论集》，北京语言学院出版社1994年版。

[192] 文炼、袁杰：《谈谈动词的"向"》，载《汉语论丛》，华东师范大学出版社1990年版。

[193] 文贞惠：《"N1+（的）+N2"偏正结构语义句法分析》，载《华东师范大学硕士论文》，1996年。

［194］文贞惠：《"N1（的）N2"偏正结构中 N1 与 N2 之间语义关系的鉴定》，载《语文研究》，1999 年第 3 期。

［195］吴福祥：《试说"X 不比 Y·Z"的语用功能》，载《中国语文》，2004 年第 3 期。

［196］吴竞存、侯学超：《现代汉语句法分析》，北京大学出版社 1982 年版。

［197］吴竞存、梁伯枢：《现代汉语句法结构与分析》，语文出版社 1992 年版。

［198］吴为章：《单向动词及其句型》，载《中国语文》，1982 年第 5 期。

［199］吴蔚天、罗建林：《汉语计算语言学》，电子工业出版社 1994 年版。

［200］吴蔚天：《汉语计算语义学——关系、关系语义场和形式分析》，电子工业出版社 1999 年版。

［201］伍铁平：《男性直系亲属名称的类型比较》，载《语言论文集》，商务印书馆 1985 年版。

［202］项开喜：《体词谓语句的功能透视》，载《汉语学习》，2001 年第 1 期。

［203］邢福义：《说"NP 了"句式》，载《语文研究》，1984 年第 3 期。

［204］邢福义：《邢福义自选集》，河南教育出版社 1993 年版。

［205］邢福义：《说"兄弟"和"弟兄"》，载《方言》，1999 年第 4 期。

［206］徐丹：《第三人称代词的特点》，载《中国语文》，1989 年第 4 期。

［207］徐烈炯、刘丹青：《话题的结构与功能》，上海教育出版社 1998 年版。

［208］徐烈炯：《词汇—函项语法》，载《国外语言学》，1990 年第 1 期。

［209］徐烈炯：《语义学（修订本）》，语文出版社 1995 年版。

［210］许嘉璐：《现状和设想》，载《中国语文》，2000 年第 6 期。

［211］杨柏：《试说"你"与"他"》，载《逻辑与语言论集》，语文出版社 1986 年版。

［212］杨成凯：《Fillmore 的格语法理论（上）》，载《国外语言学》，1986 年第 1 期。

［213］杨成凯：《Fillmore 的格语法理论（中）》，载《国外语言学》，1986 年第 2 期。

［214］杨成凯：《Fillmore 的格语法理论（下）》，载《国外语言学》，1986

年第 3 期。

[215] 杨惠中:《语料库语言学导论》,上海外语教育出版社 2002 年版。

[216] 杨敬宇:《"人称代词+指人名词"结构的歧义》,载《汉语学习》,1998 年第 3 期。

[217] 杨宁:《从空间到时间的汉语语义结构塑造》,见《语言研究的新思路》,上海教育出版社 1998 年版。

[218] 俞士汶、段慧明、朱学锋:《汉语词的概率语法属性描述》,载《语言文字应用》,2001 年第 3 期。

[219] 俞士汶、朱学锋:《计算语言学文集》第 1 集,北京大学计算机科学技术系、北京大学计算机研究所 1993 年版。

[220] 俞士汶、朱学锋:《计算语言学文集》第 2 集,北京大学计算机科学技术系、北京大学计算机研究所 1996 年版。

[221] 俞士汶、朱学锋:《计算语言学文集》第 3 集,北京大学计算机科学技术系、北京大学计算机研究所 1998 年版。

[222] 俞士汶、朱学锋:《计算语言学文集》第 4 集,北京大学计算机科学技术系、北京大学计算机研究所 2000 年版。

[223] 俞士汶主编:《现代汉语语料库加工——词语切分与词性标注规范与手册》,北京大学计算语言学研究所 1999 年版。

[224] 俞士汶:《现代汉语语法信息词典详解》,清华大学出版社 1998 年版。

[225] 俞士汶:《现代汉语语法信息词典详解(第 2 版)》,清华大学出版社 2003 年版。

[226] 俞士汶:《计算语言学概论》,商务印书馆 2003 年版。

[227] 袁毓林、郭锐主编:《现代汉语配价语法研究》,北京大学出版社 1998 年版。

[228] 袁毓林:《论句法的强制性——从一类 N1N2 名词的句法语义分析展开》,载《汉语学习》,1988 年第 1 期。

[229] 袁毓林:《现代汉语名词的配价研究》,载《中国社会科学》,1992 年第 3 期。

[230] 袁毓林:《准双向动词研究》,见《现代汉语祈使句研究》,北京大

学出版社1993年版。

［231］袁毓林：《一价名词的认知研究》，载《中国语文》，1994年第4期。

［232］袁毓林：《谓词隐含及其句法后果》，载《中国语文》，1995年第4期。

［233］袁毓林：《话题化及相关的语法过程》，载《中国语文》，1996年第4期。

［234］袁毓林：《汉语动词的配价研究》，江西教育出版社1998年版。

［235］袁毓林：《语言的认知研究和计算分析》，北京大学出版社1998年版。

［236］袁毓林：《汉语话题的语法地位和语法化程度——基于真实自然口语的共时和历时考察》，载《语言学论丛》，商务印书馆2002年版。

［237］［德］约翰内斯·恩格尔坎普：《心理语言学》，陈国鹏译，上海译文出版社1997年版。

［238］允贻、韦人：《交际的先行官——称谓》，见《语言大观》，上海教育出版社2000年版。

［239］詹卫东：《PP〈被〉+VP1+VP2格式歧义的自动消解》，载《中国语文》，1997年第6期。

［240］詹卫东：《基于配价的汉语语义词典》，载《语言文字应用》，2000年第1期。

［241］詹卫东：《80年代以来汉语信息处理研究述评》，载《当代语言学》，2000年第2期。

［242］詹卫东：《面向中文信息处理的现代汉语短语结构规则研究》，清华大学出版社2000年版。

［243］詹卫东：《面向自然语言处理的大规模语义知识库研究述要》，http://ccl.pku.edu.cn/doubtfire/Course，2004。

［244］张静：《汉语语法问题》，中国社会科学出版社1987年版。

［245］张斌、胡裕树：《汉语语法研究》，商务印书馆1989年版。

［246］张斌主编：《现代汉语》，中央广播电视大学出版社1996年版。

［247］张斌：《汉语语法学》，上海教育出版社1998年版。

［248］张黎：《汉语句子的语义结构》，载《北方论丛》，1995年第5期。

[249] 张黎:《语义场理论和词类的划分》,见范晓、李熙宗、戴耀晶编著:《语言研究的新思路》,上海教育出版社1998年版。

[250] 张敏:《认知语言学与汉语名词短语》,中国社会科学出版社1998年版。

[251] 张权:《试论指示词语的先用现象》,见束定芳主编:《中国语用学研究论文精选》,上海外语教育出版社2001年版。

[252] 张爱民、姜秀梅:《加合判断与表人名词的称谓类型》,载《徐州师范大学学报》,2000年第1期。

[253] 张伯江、方梅:《汉语功能语法研究》,江西教育出版社1996年版。

[254] 张伯江:《词类活用的功能解释》,载《中国语文》,1994年第5期。

[255] 张伯江:《汉语名词怎样表现无指成分》,见《庆祝中国社会科学院语言研究所建所45周年学术论文集》,商务印书馆1997年版。

[256] 张发明:《现代汉语指人名词的同位复指》,载《松辽学刊》,1992年第2期。

[257] 张国宪:《"V双+N双"短语的理解因素》,载《中国语文》,1997年第3期。

[258] 张炼强:《人称代词的转换》,载《中国语文》,1982年第3期。

[259] 张烈材:《特斯尼埃的〈结构句法基础〉简介》,载《国外语言学》,1985年第2期。

[260] 张寿康、林杏光主编:《现代汉语实词搭配词典》,商务印书馆1992年版。

[261] 张谊生:《交互类短语和连介兼类词的分化》,载《中国语文》,1996年第5期。

[262] 张志公:《汉语语法常识》,中国青年出版社1953年版。

[263] 张志公:《汉语的词组(短语)》,载《语言教学与研究》,1982年第4期。

[264] 张志公:《张志公汉语语法教学论著选》,山西教育出版社1997年版。

[265] 赵军、黄昌宁:《基于转换的汉语基本名词短语识别模型》,载《中文信息学报》,1999年第1期。

[266] 赵艳芳：《认知语言学概论》，上海外语教育出版社 2001 年版。

[267] 赵元任：《汉语口语语法》，商务印书馆 1979 年版。

[268] 郑林曦：《普通话三千常用词表》，文字改革出版社 1987 年版。

[269] 中国社科院语言研究所词典编辑室编：《现代汉语词典》，商务印书馆 2005 年版。

[270] 周强、段慧明：《现代汉语语料库加工中的切词与词性标注处理》，见《计算语言学文集》第 1 集，北京大学计算机科学技术系、北京大学计算机研究所 1993 年版。

[271] 周强：《一个汉语短语自动界定模型》，见《计算语言学文集》第 2 集，北京大学计算机科学技术系、北京大学计算机研究所 1996 年版。

[272] 周欣：《英语学习者的必备书——读〈Collins Cobuild 英语语法大全〉》，载《外语教学与研究》，1999 年第 2 期。

[273] 朱殷：《关于现代汉语中的"同位词组"和"加位词组"》，载《安庆师院学报》，1984 年第 4 期。

[274] 朱德熙：《现代汉语形容词研究》，载《语言研究》，1956 年第 1 期。

[275] 朱德熙：《"的"字结构和判断句》，载《中国语文》，1962 年第 1、2 期。

[276] 朱德熙：《句法结构》，载《中国语文》，1962 年第 8、9 期。

[277] 朱德熙：《现代汉语语法研究》，商务印书馆 1980 年版。

[278] 朱德熙：《语法讲义》，商务印书馆 1982 年版。

[279] 朱德熙：《自指和转指》，载《方言》，1983 年第 1 期。

[280] 朱德熙：《关于向心结构的定义》，载《中国语文》，1984 年第 6 期。

[281] 朱小雪：《G. Helbig 的价语法理论及其实用语法模式》，载《国外语言学》，1989 年第 1 期。

[282] 朱学锋、俞士汶：《自然语言处理与语言知识库》，载《计算语言学文集》第 2 集，北京大学计算机科学技术系、北京大学计算机研究所 1996 年版。

[283] 朱英贵：《复指短语的辨识》，载《汉语学习》，1994 年第 6 期。

[284] 祝畹瑾：《关于"同志"和"师傅"的使用情况》，载《语文研究》，1984 年第 1 期。

[285] [英] A. P. 马蒂尼奇编：《语言哲学》，牟博、杨音莱、韩林合等译，商务印书馆1998年版。

[286] [英] B. K. 里德雷：《时间、空间和万物》，李泳译，湖南科学技术出版社2003年版。

二、英文参考文献

[1] Bingfu Lu. *Left-right Asymmetries of Word Variation: A Functional Explanation*, Ph. D. dissertation, University of Southern California. 1998.

[2] Calson, G. *Reference to Kinds in English*, Ph. D. dissertation, University of Massachusetts at Amherst. Published in 1980 by Garland, New York. 1977.

[3] Chafe, W. *Meaning and the Structure of Language*, Chicago: University of Chicago Press. 1970.

[4] Chomksy, N. *Syntactic Structure*. The Hague: Mouton. 1957.

[5] Chu, Chauncey C. "Definiteness, Presupposition, Topic and Focus in Mandarin Chinese", in Ting-chi Tang, Robert L. Cheng & Ying-che Li (eds), *Studies in Chinese Syntax and Semantics*. Student Book Co. Taipei. 1983.

[6] Dik, S. C. *Studies in Functional Grammar*. New York: Academic Press. 1980.

[7] Fillmore, C. J. "The Case for Case", in E. bach & R. harms(eds.), *Universals in Linguistic Theory*, Holt, Rinehart & Winston, New York. 1968.

[8] Fillmore, C. J. "'Corpus Linguistics' or 'Computer-aided Armchair Linguistics'", in J. Svartvik(ed.). *Corpus Linguists*. 1992.

[9] Gennaro Chierchia. "Reference to Kinds across Languages", *Natural Language Semantics*, No. 2, 1998.

[10] Goldberg, Adele E. "Construction: A New Theoretical Approach to Language", *Journal of Foreign Languages*, No. 3, 2003.

[11] Herbst, Thomas. "A Valent Model for Nouns in English", *Journal of Linguistics*, No. 24. 1988.

[12] J. K. Gundel. "On Different Kinds of Focus", in Peter Bosch and Rob van der Sandt(eds.), *Focus: Linguistic, Cognitive, and Computational Perspectives*. Cambridge University Press, 1999.

[13] Jiang, Yan, Pan, Haihua & Zou, "Congli. The Semantic Content of Noun Phrases", in Xu Liejiong (ed.). *Referential Properties of Chinese Noun Phrases*. Centre de Recherdes Linguistiques sur l'Asie Orientale. Paris. 1997.

[14] John R. Taylor. *Linguistic Categorization Prototypes in Linguistic Theory*. Oxford University Press. 1995.

[15] Krifka, M. "Common Nouns: A Contrastive Analysis of Chinese and English", in G. Carlson and J. Pelletier (eds.), *The Generic Book*, Chicago: The University of Chicago Press, 1995.

[16] Lakoff, G. & Johnson, M. *Metaphors We Live By*. Chicago & London: The University of Chicago Press. 1980.

[17] Lambrecht, Knud. *Topic, Focus, and the Grammar of Spoken French*. PhD. Dissertation, UC Berkeley. 1986.

[18] Leech, G. Corpora, *the Linguistics Encyclopedia*. K. Malmkjaer (ed.). London: Routledge. 1991.

[19] Li, Charles N. & Thompson, Sandra A. *Mandarin Chinese: A Functional Reference Grammar*. Berkeley and Los Angeles, California: University of California Press. 1981.

[20] Philip Wheelwright. *Metaphor and Reality*, Bloomington, Indiana University Press. 1962.

[21] Renouf, A. *Corpus Development, Looking up*. Sinclair, J. (ed.). London: Collins COBUILD. 1987.

[22] Sinclair, J. *Corpus, Concordance, Collocation*. Oxford: Oxford University Press. 1991.

[23] Ungerer, F. & H. J. Schmid. *An Introduction to Cognitive Linguistics*. Addison Wesley Longman Limited. 1996.

[24] W. Martin, B. Al and P. Sterkenburg. "On the Processing of Text Corpus," in R. Hartmann (ed.). *Lexicography: Principles and Practice*, Academic Press. 1983.

附录1：指人名词表

说明：

（1）这里只附限于篇幅正文没有列出的名词。凡已随文给出的不列，如集合名词。过于庞大的，如家属亲属关系词，本书主旨不在探讨现代汉语亲属系统，故也未列。

（2）指人名词属开放类，给出的每一类都不是封闭的。

（3）把能否称呼作为词的一个重要属性，但有时很难说一不二，给出的称呼性指人名词并不是绝对的。

（4）加粗斜体表示有标记的、少数用法。如头衔类词不用于称呼、性质类词用于称呼。

专职称呼词

（1）敬称

阁下　殿下　陛下　大人（rén）

（2）泛称

老师　老师傅　先生　夫人　女士　伙计$_1$　老人家$_1$　同志$_2$　师傅$_2$　同学$_2$　老乡　小朋友$_2$　小姐$_2$　阿姨$_2$

（3）假亲属称

爷爷$_2$　奶奶$_2$　太太$_3$　妈妈$_2$　妈$_2$　伯伯（父）$_2$　叔叔　叔　哥$_3$　姐$_3$　嫂$_2$　婶$_2$　兄弟（di）$_2$　老爷爷　老婆婆$_1$　老奶奶$_2$　大爷　大伯$_2$　大妈$_2$　大娘　大哥$_2$　大嫂$_2$　大姐　老伯　大叔　大婶儿　老大爷　老大娘　老兄　老大哥　老哥　老弟

头衔类

注：粗斜体表示不可称呼。

（1）学衔

学士 硕士 博士

（2）军衔

士兵[***军士*** **（*上士* *中士* *下士*）*兵*（*上等兵* *列兵*）**]尉官（大尉 上尉 中尉 少尉 准尉）校官（大校 上校 中校 少校）将官（大将 上将 中将 少将 准将）；总司令 元帅 司令 军长 师长 旅长 团长 营长 连长 排长 班长；总参谋长 参谋长 参谋 政委 教导员 指导员

（3）职衔

高教系统——***助教*** 讲师 副教授 教授；医疗系统——***医士*** 医师 主治医师 副主任医师 主任医师；工程技术系统——技术员 助理工程师 工程师 高级工程师

（4）官衔

主席 国王 总统 首相 总理 部长 司长 局长 厅长 处长 科长 股长 组长 班长；省长 市长 县长 区长 乡长；校长 院长 厂长 馆长 行长 所长 总经理 经理 董事长 会长 理事 书记 主任 委员 老板 总裁 指挥 队长 领导 盟主 教主 帮主 站长

职业类

（1）不可称呼

①可雇佣

仆人 佣人 帮佣 保姆 奴隶 长工 打手

②不可雇佣

a. 总括性：工人 农民 商人 商贩 军人 教师

b. 专门性：漆工 锻工 木工 电工 瓦工 刨工 车工 矿工 钳工 技工 河工 铆工 石工 铸工；漆匠 瓦匠 铁匠 木匠 石匠 菜农

蚕农　茶农　瓜农　蕉农　粮农　林农　药农　中间商；中医　牙医；武警
巡警　法警　岗警　港警　片警　刑警；军官　哨兵　航空兵　骑兵

　　c. 特殊性：乞丐　小偷　扒手　土匪　强盗　包身工
　　(2) 可称呼　不可组合
　　清洁工　邮递员　列车员　乘务员　空姐　售票员　售货员　服务员
供销员　理发员　饲养员　保管员　报幕员　报务员　播音员　通讯员
话务员　接线员　讲解员　画图员　潜水员　评论员　运动员　陪审员
办事员　教员　演员　导航员　解放军　飞行员　店员　战士　音乐家
科学家　画家　作家　艺术家　雕塑家　设计师　渔民　猎人　猎户　园丁
棋手　鼓手　贩子

　　(3) 可称呼　可组合
　　①可雇佣
　　　大夫　医生　秘书　侦探　律师　保镖　护士　厨师　裁缝　阿姨₃　管家
司机　翻译　导游　顾问　教练　保育员　警卫门卫　门警　门房　护卫
参谋　军师　打字员　勤务员　勤务兵　通信员　卫生员　炊事员　驾驶员
教导员　保健员　保育员

　　②不可雇佣
　　　警察　乘警　民警　法官　法医　诗人　编辑　编导　编审　摄影师
会计　推销员　裁判员　干事　主持人　导演　记者

性质类

注：粗斜体表示可称呼。
(1) 年龄
　　婴儿　幼童　娃娃　小孩₁　孩子₁　小朋友₁　少年　儿童青年　中年　**老人**
(2) 性别
　　男人₁　女孩　少女　妇女　**小伙子**　**姑娘**　**老汉**　**老头子**
(3) **性格**
　　老狐狸　老黄牛　铁公鸡　变色龙　笑面虎　怪物　胆小鬼　吝啬鬼
懒虫　懒骨头　硬骨头　直肠子　直筒子　直性子　直心眼儿　纸老虎

急性子　低能儿　马大哈　老好人　快嘴　贫嘴　才子　猛士　勇士　懒汉　傻瓜　无赖　流氓　懦夫　男子汉　骗子　小人　祸害　弱者

（4）**体貌**

小不点儿　盲人　斜眼　侏儒　胖子　黑人　秃头　秃子　驼子　细高挑儿　咬舌儿　左撇子

（5）**学历**

小学生　中学生（初中生　高中生）大学生　研究生（硕士生　博士生）

（6）**婚姻状况**

单身汉　老姑娘　寡妇

（7）**政治面貌**

少先队员　党员　团员　群众$_2$　无党派

（8）**社会身份**

叛兵　叛徒　奸细　间谍　特务　歹徒　凶手　俘虏　死人　伤员　难民　肇事者　主谋　犯人　匪徒　盗窃犯　案犯　知情人　新秀　元老　泰斗　内行　外行　行家　专家　学者　作者　权威　高手　土专家　天才　伟人　英雄　好汉　先锋　君子　健将　名将　主力　榜样　楷模　劳模　模范　先进　标兵　多面手　临时工　万元户　村民　公民　居民　移民　平民　古人　前人　名人　二传手　冠军　亚军　华侨　归侨　华人　侨眷　清官　被告　干部　群众$_3$　富翁　舞星　东道主　外人　贵宾　嘉宾　稀客　贵客　职工　职员　抗属　军属　用户　订（定）户　辩护人　代理人　代理　采购　主持　监考　创业者　老者　当事人　患者　智者　**大师**　**烈士**

（9）**临时身份**

主持人—来宾/观众　主人/东道主—客人/宾客　***班主任***—学生　***房东***—房客　主考/考官/监考—考生　球星/影星—球迷/影迷　***小姐***$_1$—仆人　东家/奴隶主—长工/奴隶/奴才/奴仆/仆从/仆人/仆役　***老板***/雇主—雇员　债主/债权人—债户/债务人

售货员—顾客　医生/护士—患者/病人　***播音员***—听众　***裁判员***—运动员　***教练***—队员　***售票员***—乘客　***列车员***—旅客　***导游***—游客　作家—读者/书迷

新郎—新娘/伴郎（男傧）新娘—伴娘（女傧）　未婚夫—未婚妻　原告/受害者—被告/辩护人/律师

单方类

注：粗斜体表示可居后位称呼。

（1）配偶关系

丈夫　夫婿　夫君　**老公**　先生₃　男人（ren）　当家的　前夫　亡夫　男友

妻子（zi）　**夫人**　老婆　**太太**₄　媳妇　发妻　内助　屋里人　前妻　前房　原配　继室　继配　遗孀

（2）社会关系

上级　上司　顶头上司　靠山　后台　主心骨　部下　手下　下级　下属　下手　僚属　旧部　底下人　侍从　随从　护从　护卫　跟差　跟随　马前卒　幸臣　狗腿子　鹰犬　党羽　爪牙　走狗　走卒　耳目　亲信　心腹　红人　帮凶　助理　助手　帮手　副手　救命恩人　恩人　救星　救兵　业师　导师　弟子　徒弟　徒孙　门徒　门下　高足　高徒　舞伴　眼中钉　肉中刺　畏友　净友　益友　良友　良朋　善友　素友　故友　故人₁　损友　恶友　贼友　亡友　前人　前任　前辈　晚辈　后辈　先辈　后人₁　后任　邻人　替身　公敌　内应　替罪羊　随员　信徒　宠儿　传人　克星　援兵　保护神　**恩师**

双方类

（1）配偶关系

夫妻　夫妇　公母　眷属₂　怨偶　新人₅　伉俪　两口儿　两口子　小两口

（2）亲属关系

父子　父女　母子　母女　娘儿　祖孙　翁婿　婆媳　叔侄　姑嫂　郎舅　舅甥　翁姒　婆孙　双胞胎　孪生子　双生　孪生兄弟

（3）社会关系

师生　师徒　师弟₃　上下级

三方类

父母　爹娘　爹妈　爷娘　双亲　再生父母　公婆　翁姑　姑嫜　兄嫂　哥嫂　儿女　儿孙　子孙　父兄₁　家小　家眷　妻妾　弟妹₁　妻小　妻女　妻儿　妻子（zǐ）　亲友　亲朋　徒子徒孙　孝子贤孙

单方或双方类

（1）交好类

情侣　恋人　情人　配偶　伴侣　侣伴　俦侣　俦伴　俦类　旅伴　游伴　玩伴　伙伴　老伙计　伴当　伴游₂　搭子　搭档　老搭档　相好　老相识　相知　老相知　旧相识　朋友　老朋友　校友　战友　工友　会友　盟友　契友　僚友　队友　社友　学友　病友　诗友　牌友　棋友　赌友　酒友　艺友　室友　执友　好友　密友　狱友　难友　挚友　故友　腻友　知友　好友　砚友　旧友　故旧　旧故　故交　旧交　知交　神交　故知　旧侣　旧好　新相识　新交　新朋　初交　素交　世交　世好　世谊　至交　至好　友人　知己　知音　哥们儿₂　哥儿们₂　熟人　同学₁　同砚　同门　同年　同志₁　同事　同窗　同胞　同屋　同行　同人　同仁　同道　同业　同寅　同袍　同僚　同调　同伙　同班　同室　同桌　同村　同伴　老乡₁　同乡　大同乡　小同乡　同好　同类　同窗　同党　同辈　平辈　同谋　同谋者　同案犯　同路人　同龄人　合作者　合伙人　关系户　街坊　邻居　邻里　邻桌　近邻　紧邻　远邻　隔壁　青梅竹马　竹马之交　总角之交　患难之交　知心朋友　贴心朋友　莫逆之交　肺腑之交　管鲍之交　布衣交　生死交　忘年交　忘形交　车笠之交　胶漆之交　云霞之交　鱼水之交　金石之交　生死之交　刎颈之交　患难之交　贫贱之交　穷交故友　布衣之交　狐朋狗友　狐群狗党　酒肉朋友　酒肉之交

（2）仇敌类

敌人　敌手　对手　对头　死对头　死党　死敌　政敌　论敌　情敌　天敌　仇敌　夙敌　宿敌　怨敌　仇家　冤家　怨家　仇人　世仇　宿仇

夙世冤家

（3）亲近类

血亲　嫡亲　堂亲　姻亲　内亲　表亲　干亲　近亲　至亲　远亲　老亲　旧邻　亲戚　亲属　本家　亲家　（亲）骨肉

单方、双方或三方类

兄弟　弟兄　堂/表/姑/姨/师/把/盟/嫡堂/远房/换帖/异姓兄弟　难兄难弟　兄弟姐妹　弟兄姐妹　娣姒　妯娌　连襟

附录2：名词研究札记二则

一、略论指称与陈述的转化

指称和陈述原是重要的哲学范畴。自20世纪80年代初由朱德熙率先引入汉语法研究后，因其有较强的解释力而获得了普遍的运用。已有研究对这对术语的理解和使用存在多平面倾向，本文先梳理这些看法，再提出自己的一些想法。

1 范畴的多层面理解和基本界定

1.1 多层面理解

1.1.1 形态层面

陆俭明（1990）认为：指称和陈述是语言表达的两种基本形态。指称形态，从词性上说是体词性成分，从句法成分上说是主语、宾语；陈述形态，从词性上说是谓词性成分，从句法成分上说是谓语、述语、补语。大概是看到了词类与句法成分的不对应性，后来陆俭明（1991）放弃了双重形态说，采用单一形态的看法，认为指称、陈述形态反映在语法上就是体词性成分和谓词性成分。

彭可君（1992）进一步补充、丰富了陆俭明双重形态的说法。词性层面上，把指称形态分为名词及定中短语、名词性联合短语三类体词性词语，陈述形态有动词、形容词、述宾短语、述补短语、状中短语、复谓短语、动词或形容词联合短语、主谓短语等九类谓词性词语。句法层面上，指称、陈述形态分别增加了带定语的中心语成分和带状语的中心语成分。

王莉莉（2000）认为指称、陈述不是孤立的词或短语所具备的性质，而应是组合成句法结构的句法成分所具备的性质，它取决于句法成分之间的相互关系。

1.1.2 语义层面

朱德熙在《语法讲义》里，把谓词性主、宾语分成指称性、陈述性两类，比如：

A	B
干净最重要	干干净净的舒服
喜欢干净	喜欢干干净净的

A 类格式里，"干净"分别是指称性主、宾语，B 类"干干净净的"则是陈述性的。指称与陈述的区分，显然不是依据词类的语法意义，因为这两类谓词性词语都表示性质、状态等语法意义。但 A 类主语"干净"跟谓语"最重要"联系起来看，已经事物化了，即变成了可以指称的对象；B 类主语"干干净净的"则没有事物化，不是指称对象，而是对于性质、状态的陈述。类似地，动词"喜欢"所带的指称性、陈述性两类宾语的差别，也是"意念上"的。

主张区分句法、语义、语用三个平面的胡裕树、范晓（1994）认为，动词、形容词居主宾位时，句法平面上，词性未变，语义平面上，由动核变为动元身份，由原先的"述谓"义转化为"指称"或"名物"义，即"指称化"，也是在语义层面界定指称、陈述范畴。

1.1.3 语用层面

张斌《汉语语法学》（1998）充分阐明语用平面的指称（reference）、陈述（statement）范畴。认为指称、陈述是语言单位作为信息传达载体所表现的两种基本交际功能。并在具体的句子而非抽象的句子中，阐明了"有指称，不一定有陈述；有陈述，必有指称"的思想，分析了指称与陈述搭配的三种情况：只有指称；有陈述，没有显性指称（具有隐性指称）；既有指称，又有陈述。因为讨论的是在交际中实际使用的、能引起听话人或阅读者作出反应的句子，所以举例的句型不限于主谓句，句类不限于陈述句。

此外，更多的学者从语用角度分别探讨指称、陈述问题。陈平（1987）专门解释了汉语中与名词性成分相关的指称概念，至于句子预设对句子意义的影响，句子命题的真值条件等问题，是与句子陈述相关的一些研究，因与本篇论皆无关，兹不赘述。

1.2 范畴的基本界定

1.2.1 语用范畴

笔者认为，指称就是所指，陈述就是所谓，主要是一对语用概念。语言成分的指称、陈述功能，要在一定的句法组合（短语），更多的是在具体句子，甚至更大的篇章环境下，才能确定。

先看名词性词语 NP 的情况，例如：（——表示陈述功能）

（1）我买的<u>苹果</u>，他买的<u>香橙</u>。
（2）你<u>李逵</u>，他<u>宋江</u>。

例1中，孤立地看，普通名词"苹果"可以理解成定中短语的中心语，结合后续小句"他买的香橙"判断，对举格式赋予"苹果"以陈述功能。例2，专有名词"李逵""宋江"分别与人称代词"你""他"构成同位短语，对举的上下文语境并不足以确定"李逵""宋江"一定是陈述功能。但如果这句话发生在导演给演员分配角色的情景中，那么专有名词就承担了陈述功能。

同样，形容词性词语 AP、动词性词语 VP，在主宾语位置上，指称、陈述类型的划分，不结合具体语境就不易理解。1.1.2 中介绍，朱德熙敏锐地觉察到主宾位上的谓词性词语存在差别，但由于局限在语义平面上讨论问题，所以朱先生也承认"这两种主语的区别是很重要的"，可"有时不容易划分"。如果把视野拓宽到语用平面中来，那么这两类主语的区分理据、鉴别方法等问题就可获得一个较为合理的解释。

朱先生发现了陈述与指称之间的逻辑蕴涵关系，即陈述是指称的充分条件，有陈述必定有指称，反之不然。张斌先生区分显性、隐性指称，指出隐性指称并不占据句法位置，需通过具体语境来确认。可见，陈述性主语与指称性主语的关键区别在于：陈述性主语可由语境确认一个具体的指称对象，而指称性主

语本身就是指称对象,无法再指派指称对象。所以,我们可通过能否添加指称对象来鉴别两类主语。比如:

    A   B
*(字)干净最重要 (房间)干干净净的舒服
*(张三)教书不容易 (衣服)大一点儿好看

  A类主语不可添加具体指称对象,B类可添加"房间、衣服、字、书本"等具体指称对象。需要指出的是,添加的指称对象不一定非要占主语位,比如占定语中心语位置"干干净净的(房间)舒服"也可以。
  "名物化"论用能否加名词、代词复指来证明谓词性成分已转变了词性,这实际上是检验谓词性成分是否具有指称功能的一种方法。朱先生提出的"什么/怎么样"鉴别词,是从疑问的角度考虑的,二者出发点基本相同。这样,我们可得到第二种区别方法:A类可用复指性短语,B类不可。试比较:

    A   B
干净(这种性质)最重要 *干干净净的(这种状态)舒服
教书(这项工作)不容易 *大一点儿(这种状态)好看

1.2.2 语法形式

  指称、陈述是语言成分通过句法位置在一定的上下文、情景语境中表现出的交际功能。运用"什么/怎么样"鉴别词可判定汉语中承担指称、陈述功能的基本词语形式、句法成分。典型语法形式基本如1.1.1中陆俭明、彭可君所述,但需作几点补充:
  第一,主谓短语兼有指称、陈述两种功能,不能一概认定为陈述形态(加点的为指称功能)。比如:

(3)他母亲病了是真的。
(4)我觉得心里很不舒服。

例3,"他母亲病了"可用"什么"替换,为指称性主谓短语。例4,"心里很不舒服"可用"怎么样"指代,为陈述性的。

第二,指称句位增加表语、陈述句位增加状语成分,定语位置兼有指称、陈述两种功能。比如:

(5) 木头房子。
(6) 多么可爱的孩子!

例5,"木头"用"什么"替换,为指称性定语。例6,"多么可爱"只能用"怎么样"替代,为陈述性定语。

简言之,用于指称、陈述的主要词语形式分别是体词性词语、谓词性词语,主谓短语兼有指称、陈述功能。基本的指称性句法位置为主、宾、表、定中,陈述性句位为谓、述、状、补、状中,定语为指称、陈述兼容的句法成分。

2 指称、陈述转化的语法表现

指称、陈述等语用功能既需要相对固定的语言形式来表现,与语言形式又不是一一对应关系。主要用于指称功能的体词性词语在一定的条件下可以表现陈述功能,谓词性词语也可有指称功能,体现出指称与陈述的双向转化。从转化的结果看有彻底转化、中间转化、临时转化三种状态。

2.1 彻底转化

指一种语言形式通过词性变化、句法组合或语义增殖等手段,比较稳固地从一种功能转变到另一种功能。这种现象多发生在陈述向指称的转化。

2.1.1 词法手段

单音节动词 V 附加后缀"者、子、儿、头"等,如"记——记者、夹——夹子、盖——盖儿、来——来头",不仅由动词构成了名词,而且稳定地从陈述转为指称功能。双音节动词通过语音的曲折,也能构成名词,同时由陈述变为指称,如"教授"中"教"由阴平变去声,"管家"中"家"由阴平变轻声。

2.1.2 句法手段

谓词性词语与助词"的"组合后,构成"的"字短语,表示指称。如"卖——卖的、红——红的、开车——开车的、跑得飞快——跑得飞快的"。

2.1.3 语义手段

双音节动词或动宾结构,不通过形态手段而通过与名词性词语潜在的语义联系,也可以实现由陈述动作到指称施事、受事、与事、工具等功能的转变。如"领导、编剧"(动作—施事)、"负担、发面"(动作—受事)、"同事、相好"(动作—与事)、"开关"(动作—工具)。姚振武(1996)对此有详细的讨论,并依据亚里士多德的"范畴说",认为陈述可转为指称的原因是:VP 与 NP 之间能够构成体现客观世界"本体—属性"关系的主谓结构,因此谓语能够指称主语。

张国宪(1994)也曾论及双音节动词增殖指称功能的心理原因是,表示动作的意义与表示事物的意义在心理上的自然联系,即由动作会自然联想到动作的施事、受事、结果等。

2.2 中间转化

如果把 NP 分为具体 NP、抽象 NP,VP 分为静态动作 VP(即没有时态成分的光杆动作 VP)、动态动作 VP,AP 分为性质 AP、状态 AP 来讨论问题,会发现双音节静态动作 VP、双音节性质 AP 由陈述增殖指称功能,双音节抽象 NP 由指称增殖陈述功能,几乎同样容易。这就造成一定的句法组合中,指称、陈述的转化方向难以确定,转化似乎处于中间状态的局面。如"名·X"组合:

A	B
经济困难	农村调查
思想矛盾	思想准备
行为道德	政治影响

A 组可分析成"名·形"或"名·名"组合,B 组为"名·动"或"名·名"组合,兼主谓、定中两种句法关系。造成歧解的原因在于,X 指称、陈述功能不明,朱先生称 X_A 为名形词、X_B 为名动词,显示了汉语给词分类时的两

难处境。

在给具体的词归类时,也会碰到类似的麻烦。比如,双音节词"意外"似乎介于抽象名词、性质形容词之间。以下的分析将表明,"意外"一词具有无指功能,是指称、陈述功能中间的临界状态,具有弱指称性、弱陈述性。吕叔湘、饶长溶(1981)看到这一点,认为该词是名词兼非谓形容词。张伯江(1994)看出"意外"由指称向陈述转化的倾向,认为非谓形容词是名词功能游移固定化所致。李宇明(1996)强调"意外"的指称性,认为它就是名词。谭景春(1998)与张伯江的看法恰好相反,认为"意外"是形容词转变为名词,用某种性质来指代具有那种性质的事物,即由陈述转为指称。看法的分歧正反映了指称、陈述转化是一个连续性而非离散性的过程,转化的方向和结果难于"一刀切"。

2.3 临时转化

与前两类不同,临时转化不会改变词语固有的语法类别。

2.3.1 体词性词语指称向陈述的转化

体词性词语包括名词性词语(名词、定中短语、名词性联合短语)、人称代词和"的"字短语。理论上,体词性词语只要位于陈述性句位,就可获得陈述功能。据笔者观察,体词性词语一般不能占据补语位置,有限地占据状语位置(如电话联系、书信往来),以谓语、带状语的中心语、述语为常位。句子用于判断指称对象的性质或叙述指称主体的动作。

2.3.1.1 判断性质

第一,静态判断

主语与体词性谓语之间可添上"是"类关系动词,如"当、做、任、成为、属于"等。例如:

(7) 明天<u>春节</u>。
(8) 这个人<u>卖菜的</u>。
(9) 这些书<u>图书馆的</u>。

例7—例9分别说明了指称对象的节气、职业、类属等情况,加上"是"即为表语,是对主语属性所作的静态判断。

第二，变化判断

体词性词语与动态助词"着、了、过"或程度时间等副词组合后，可构成复句的分句或单句的谓语。例如：

（10）大姑娘了，要注意整洁！
（11）他完全白头发了。

例 10 表明受话人经变化已具备"大姑娘"这一性质，构成后一分句的条件、原因。例 11 说明他头发变白的程度。这一类陈述是对隐性或显性指称对象的性质作动态判断。

第三，比况判断

判断某一实体具有类似于另一实体的内涵性质。例如：

（12）他比黄世仁还黄世仁。
（13）真够雷锋的哎！

例 12 是差比，说明"他"凶狠残忍的性质比"黄世仁"还甚。例 13 是等比，判断隐性指称对象助人为乐的性质跟"雷锋"差不多。

2.3.1.2 叙述动作

名词性词语带宾语、趋向补语、时态助词等或重叠都可获得陈述功能。例如：

（14）结论不出我什么东西来。
（15）搭理他呢，让他自己嘴上快感去。
（16）唱完，灯灭，你再给我剪影着。

例 14 述补结构"结论不出"带双宾语"我""什么东西"。例 15 "快感"与"去"组成连谓结构。例 16 是祈使句，"剪影"带动态助词"着"。这些都是动作动词的典型用法，名词的类似用法也用于叙述主体的动作。

2.3.2 谓词性词语陈述向指称的转化

谓词性词语主要有性质/状态 AP、静态动作/动态动作 VP。除不能占据表语位置外，在主、宾、定中、定语位置上都有可能转化为指称。但不同小类的词语，在不同句位上增殖指称功能的能力是不同的。

第一，主、宾、定中位置

性质 AP、静态动作 VP 能自由出现在上述位置上，实现指称功能，例略。

状态 AP、动态动作 VP 出现在主宾位时，仍表陈述。在定中位时，要求结构形式趋于简短，意义上也有限制，可以表示指称。

第二，定语位置

修饰的中心语为抽象 NP 时，定语不论带不带"的"，都是指称性的。

中心语为具体名词时，情况为：（1）性质 AP、静态动作 VP 带/不带"的"都表示指称，如，"红（的）花""切肉（的）刀"。（2）动态动作 VP，必须加"的"作定语，"VP + 的"可以指称，如"正躺在床上看书的孩子"。（3）状态 AP 必须加"的"作定语，"AP + 的"只有陈述功能，如"红彤彤的小脸"。

据谭景春（1998），单音节名词在古汉语中就有向形容词转化的功能，现代汉语中有扩大的趋势。这种转化是"用某种性质的事物来表示那种性质"。

3 转化的认知原因

3.1 无指概念

陈平（1987）在 NP 的范围内讨论了有指（referential）、无指（nonreferential）等概念。无指概念的引入，具有重要意义。但无指与有指的区分并不太容易，各家也有不同的看法。

从篇章分析的角度看，有指是指称实体（entity），无指是指称属性。当 NP 的所指满足：单个实体——单指（individual）；话者本人发话时心中有数——实指（specific）；听话者能够在语境中辨识出该实体——定指（identifiable），则为典型的有指。这三项因素中任一项的违背，都会偏离典型有指，向无指接近。陈平（1987）指出了非单指 NP 指称整个一类事物（class）时，与无指有相同之处。同样，单指实体如果是虚指（nonspecific）、不定指（nonidentifiable），也能理解成无指。如，"他想媳妇都想疯了"这样一句话中"媳妇"，张伯江

(1994)就分析成无指。

哲学家唐奈兰（Donnellan）区分限定摹状词的指称性用法（referential use）和归属性用法（attributiveuse）。如"杀害史密斯的凶手"这一短语，在"杀害史密斯的凶手是患有精神病的"这句话里，如果是说话者用以使听话者辨认出某一特定实体的，为指称性用法。如果说话者本人都不清楚词语在现实世界中的明确外延（虚指），甚至现实中并不存在该实体（例如，史密斯是自杀），那么发话人仅仅是把该短语所描述的性状进行了归属和假设：除了精神病，不会有人杀害史密斯。"杀害史密斯的凶手"只是说话者心目中假想出的一个实体。哲学上的这种区分与语言学中有指无指的区分有相似之处，无指概念在语言学中的引入，反映了NP不指称实体而指称实体蕴含的抽象属性的功能在语言研究中也日益受到关注。但语言学的做法更多的是从词语构成、词语意义、句法成分、语篇环境等语言形式因素来确定无指范畴，这在下文的讨论中有明显的体现。

笔者认为，除了NP代表的事物可抽象出某种属性，VP代表的动作变化、AP代表的性质状态，也都可以通过一些办法抽象出某种属性来表示无指，甚至进而指称实体（有指）。因此，本文把有指、无指概念扩大到VP、AP上。谓词性词语的有指，是指其指称客观实体的功能，大体相当于转指（self-designation）；无指是指其指称抽象属性的功能，大体相当于自指（self-designation）。但这两对概念之间有差别，同时为便于比较，本文统一使用"有指/无指"术语。

指称既分为有指（实体指称）、无指（属性指称），相应的，陈述可以分为静陈（静态陈述）、动陈（动态陈述）。它们之间的关系图示如下：

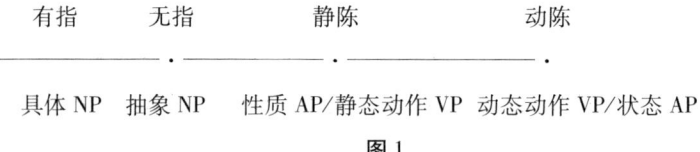

图1

图1中从左往右陈述性渐强，从右往左指称性渐强。张伯江（1997）指出"名词无指化的过程就是一个抽象化的过程，即体词性减弱，谓词性增强的过程"。同样，谓词无指化的过程也是一个抽象化的过程，使动态属性渐趋固化，即谓词性减弱，体词性增强的过程。综合起来看，承担无指功能的词语体词性、

谓词性都不强。因此，无指是指称、陈述相互转化的中转站，体词谓词具备无指功能是使转化得以实现的必要条件。

3.2 体词的无指表现

3.2.1 体词的无指等级

汉语体词根据指称对象分具体、抽象两类：具体 NP 指称人、物等实体；抽象 NP 指称抽象实体（性质），只有无指功能。结合陈平（1987）、谭景春（1998），体词依据无指能力的强弱有三组：

I 组：A. 人称代词　B. 这/那 + 量词 + 名词　C. 专有名词

II 组：D. 光杆普通名词　E. 定中短语　F. 数词 + 量词 + 名词　G. 的字短语

III 组：H. 抽象 NP

3.1 已述，无指比有指陈述性强，因此设立"NP 前 + NP 后"句法槽，能比较出两个 NP 的无指强度：凡是倾向于后置的，并且能与 NP 前构成主谓关系的 NP，无指性必然强于另一个 NP。

以第 I 组为例，A、B、C 两两组合，有六种可能。例如，A 为"他"、B 为"这个人"、C 为"张三"，则有：

$$a\begin{cases} A+C \text{ 他张三（主谓关系）} \\ B+C \text{ 这个人张三（主谓关系）} \end{cases}$$

$$b\begin{cases} A+B \text{ 他这个人（同位关系）} \\ \quad \text{（当面对举语境下可能是主谓关系：~，你那个人）} \\ C+B \text{ 张三这个人} \\ \quad \text{（当面对举语境下可能是主谓关系：~，你那个人）} \end{cases}$$

$$*c\begin{cases} B+A \text{ 这个人他} \\ C+A \text{ 张三他} \end{cases}$$

上述操作表明：A 一定不能位于 NP 后的位置，有指性最强；B 可以位于 NP 后的位置，但只能有条件地与 NP 前构成主谓关系，有一定的无指性；C 可以自由出现在 NP 后位，作体词性谓语，判断 NP 前的归属，因此是三者中无指性最强的。用同样的办法,我们可以比较 D—G 的无指强度。

三组综合起来看,无指强度等级(hierarchy)为 III > II > I,词语序列为 H > G > F > E > D > C > B > A。

3.2.2 指称句位的无指强度

表语是 NP 体现无指功能的最佳句位,有指性最强的 I 组词在该句位上都是无指性的。如:

(18) 你要找的人是他/这个人/张三。

"他/这个人/张三"从孤立的词汇意义上看,是指称某个实体,但指称功能的判定应在篇章环境中进行。上例中,"他/这个人/张三"用作区别性的身份和类属,是对"你要找的人"进行了归类,只不过这个类别较为特殊,是数学上的单元素集合。

仅次于表语,定语也是无指 NP 经常出现的位置。例如:

(19) 杜康酒　北京烤鸭

人名"杜康"、地名"北京",以发明者、产地等相关事物作为区别性品牌,不表示独立的实体指称,而是依附于中心词语形成一个融合的概念,因此是无指的。

主、宾、定中位上的无指 NP 与动核 VP 的深层语义关系为类属或凝固的"短语动词"关系。类属关系像"是菜农""任教授""当老师"等,表层句法上实现为:

(20) 老师当得再好也没用。(S)
　　 他老师当得很称职。(S2)
　　 他的老师当得很称职。(定中)

凝固的短语动词,如"读书、吵架、告状、开玩笑"等,其中的 NP 与中心语 VP 结合成一个完整的动作,NP 本身不再占有显著的实体指称地位,有时可以不出现而由 VP 的语义激活，因此是无指性的。句法上的表现有：

(21) 玩笑开过头不好。(S)
他玩笑开得太过。(S2)
他的玩笑开得太过。(定中)
他爱开玩笑。(O)
他正在开她玩笑。(O2)

3.3 谓词的无指表现

谓词 VP、AP 都能占据的无指句位只有定语，比较它们在定语位置上带"的"的情况，可以判别它们的无指强度：必带"的"的，陈述性强、指称性（无指）弱；不用带标记就能自由出现在该位置的，无指性最强。试比较：

(22) 白（的）纸→纸是白的。
烤（的）白薯→白薯是烤的。
正在看书的学生→学生是正在看书的。(?)
白白胖胖的小孩儿→小孩儿是白白胖胖的。

例(22)说明，多数性质 AP 作定语以不带"的"为常；有些静态动作 VP 可不带"的"；动态动作 VP、状态 AP 必带"的"，对多数状态 AP 而言，"的"是原先构词时就必须有的词缀。变换式中，"性质 AP/静态动作 VP +的"可作表语，"动态动作 VP +的"的表语身份接受性差，状态 AP"白白胖胖的"作定语和"是"后都只有陈述性。根据作定语时与"的"的融合程度及作表语的可接受性程度两项参数，得到下列无指强度等级：性质 AP > 静态动作 VP > 动态动作 VP > 状态 AP。

3.4 双向转化的动态过程

与指称、陈述功能小类对应的基本词语、句位，在图 1 基础上可补充为图 2：

功能： 有指　　　　无指　　　　静陈　　　　　　动陈
　　　　────────·────────·────────

词语： 具体NP　　抽象NP　　性质AP/静态动作VP　动态动作VP/状态AP
句位： 主 宾　　表 定　　　　　谓　　　　　　述 状 补

图2

无指是指称、陈述转化的内在动因（motivation），在无指的驱动下，这种转化呈现出连续过程。从甲实体（有指）抽象出某种属性（无指）来说明（陈述）乙实体，是指称向陈述转化的过程。从动态属性（动陈）中抽象出某种静态属性（静陈），自身被指称（无指）或转指具有该属性的实体（有指），是陈述向指称转化的过程。第2节讨论的三种转化结果是不同转化过程的表现。

彻底转化是有指与静陈通过无指的媒介而发生的转化，一是由实体抽出性质来陈述，如"铁、奶油"类。是具体NP与性质AP的兼类。句位上可以由主语→定语→谓语，如"铁很硬→铁关系→关系铁"。二是由抽象动作转指实体，如"记者、卖菜的、翻译"。

中间转化是无指与静陈之间的转化，因为两者相距很近，有较多的功能共性，所以转化方向不易判定，词性的归属也难以确定。

临时转化体现了位于图的两端、功能差异很大的词语也有承担对方功能的可能性。这里值得一提的是定语和标记"的"的作用，定语是体词、谓词都能出现的位置，"的"是无指的标记。NP在"的"的帮助下，可以作表语，进而作体词性谓语，实现陈述功能。VP、AP加"的"后才有可能作表语，进而做主、宾语，实现有指功能。如：

(23) 木头房子→*房子是木头
　　　木头的房子→房子是木头的→房子木头的
(24) 卖花姑娘→*姑娘是卖花
　　　卖花的姑娘→姑娘是卖花的→卖花的还没来

4 结 语

本文对指称、陈述的内涵,转化的语法表现及认识原因,进行了初步探讨。因篇幅所限,指称内部、陈述内部的转化,指称与陈述转化的限制条件等问题均未涉及。指称、陈述是重要的语言学范畴,对其次范畴的研究是日后应该做的工作。

参考文献

[1] 陈平:《释汉语中与名词性成分相关的四组概念》,载《中国语文》,1987 年第 2 期。

[2] 胡裕树、范晓:《动词形容词的名物化和名词化》,载《中国语文》,1994 年第 2 期。

[3] 黄锦章:《再论汉语话题在所指上的要求及影响所指要求的诸因素》,见《九十年代的语法思考》,北京语言学院出版社 1994 年版。

[4] 李宇明:《非谓形容词的词类地位》,载《中国语文》,1996 年第 1 期。

[5] 陆俭明:《变换分析在汉语法研究中的运用》,载《湖北大学学报》,1990 年第 3 期。

[6] 吕叔湘、饶长溶:《试论非谓形容词》,载《中国语文》,1981 年第 2 期。

[7] 吕叔湘:《关于汉语词类的一些原则性问题》,载《中国语文》,1954 年第 9 期。

[8] 彭可君:《关于陈述和指称》,载《汉语学习》,1992 年第 2 期。

[9] 谭景春:《名形词类转变的语义基础及相关问题》,载《中国语文》,1998 年第 5 期。

[10] 王莉莉:《"指称性主语、陈述性主语"分类质疑》,载《山西大学学报》,2000 年第 1 期。

[11] 项梦冰:《论"这本书的出版"中"出版"的词性》,载《天津师大学报》,1991 年第 4 期。

[12] 邢福义：《说"NP了"句式》，载《语文研究》，1984年第3期。

[13] 徐烈炯：《语义学》，语文出版社1995年版。

[14] 姚振武：《汉语谓词性成分名词化的原因及规律》，载《中国语文》，1996年第1期。

[15] 张斌：《汉语语法学》，上海教育出版社1998年版。

[16] 张伯江：《词类活用的功能解释》，载《中国语文》，1994年第5期。

[17] 张伯江：《汉语名词怎样表现无指成分》，见《庆祝中国社会科学院语言研究所建所45周年学术论文集》，商务印书馆1997年版。

[18] 张国宪：《双音节动词功能增殖探讨》，见《语法研究与语法应用》，北京语言学院出版社1994年版。

[19] 朱景松：《陈述指称与汉语词类理论》，见《语法研究和探索（八）》，商务印书馆1997年版。

二、名词化结构在新闻语篇中的衔接方式

0 解　题

对于名词化这一术语，目前国内外学者的理解并不完全一致。简单说来，词语在概念语义上呈事物化（thingization），在语法上就有被视为名词化（nominalization）的可能。"化"的程度有轻有重，"名词化"的定义也就有宽有窄。本文着力讨论汉语一类非常重要和特殊的"NP + 的 + VP"结构。

新闻语篇从载体看包括很多种，如报纸新闻、杂志新闻、广播新闻、电视新闻、网络新闻等等。本文主要以报纸新闻作为考察对象。因为报纸是新闻最早的载体，也是当今世界最大众化、最普遍的媒体形式之一。此外，对报纸新闻的集中探讨，对广播、电视等其他新闻话语形式也有一定的益处。

在讨论语篇衔接手段时，现有的研究者一般很少将名词化结构列入研究范围。但本文的新闻话语分析将表明，以"NP + 的 + VP"结构为代表的名词化结构事实上具有较强的语篇衔接力。

1 名词化结构的内部构成

1.1 关于语料

本文主要选取《人民日报》作为调查对象。这是因为《人民日报》是中国政府支持下数一数二的新闻类报纸,被称为"世界十大报纸"(报纸观察网语)。作为中国共产党中央委员会的机关报,其语言规范严谨,权威性高,发行量和影响力都非常大,具有较高的代表性。在版式安排上,《人民日报》分类较细,一般有 16 版,涉及政治、经济、文化、体育、法律等,而且该报有详尽完备的网络版,便于资料数据的下载搜集。具体操作时,我们选择最近三年的《人民日报》作为观察窗口。为保证语料的均衡性,每年各随机抽一天作为样本,最后选取的是 2004 年 3 月 29 日、2005 年 8 月 19 日、2006 年 1 月 27 日这三天的报纸。

1.2 NP 的构成

就词性而言,"NP + 的 + VP"结构中的 NP 除了光杆名词、人称代词,还可以是复杂的名词性短语,包括偏正短语、联合短语、同位短语等,这一点无需赘述。值得注意的是,从现有语料看,NP 所充当的 VP 论元角色绝大部分是当事,跟当事相匹配的 VP 往往是一种非自发的动作或性质状态。例如:

(1)随着**人口老龄化趋势的加剧**,意大利每年用于支付退休金的开支占社会福利总开支的 60% 以上,这一比例超过法国、德国和英国 10 多个百分点。(2004 年)

(2)**抗日战争的伟大胜利**,是近代百年以来,中华民族从衰败走向振兴的重大转折点。(2005 年)

(3)在化工领域,催化剂是核心,反应工程是基础。要实现化学工业的跨越式发展,需要**反应工程与催化剂材料的创新与集成**。(2006 年)

还有相当一部分实例,NP 在逻辑上充任 VP 的受事(patient)。例如:

(4)既可以用四角号码检索西夏字,又可以将四角号码与英文字母转换后直接实现**西夏字的录入**,其方法简便易学。(2005年)

(5)要注重**艺术人才的培养**、文化设施建设等。(2006年)

上述两例,可转换为相应的"把"字结构,即"把西夏字录入了""把艺术人才培养了",均为受事。

有时,施事(agent)的例子也能见到,即 VP 所代表的动作行为在逻辑上可以被 NP 自行、主动地发出、操作与控制。例如:

(6)**查韦斯的表态**显然助长了油价的上扬。(2004年)

至于其他的语义角色,只是零星可以见到。譬如,例7NP 对 VP 存在领属关系,是所谓的领事(possessor)。

(7)而我们的发明则突破了传统化学工业生产中**催化剂和反应过程的局限**,开创了石油化工行业的一个全新领域。(2006年)

1.3 VP 的构成

双音节动词的动作性要弱于单音节,我们搜集到的所有实例,VP 全部都是双音节的,即使是在复杂的谓词性短语中也不例外。VP 的复杂形式主要是两类:

一类是联合短语。大多是两个双音节动词的并列,如例3中的"创新与集成"。动词还可以与名词构成并列,更体现了 VP 一定程度的名词化。

还有一类是偏正短语。修饰成分多为双音节形容词,如例2,"胜利"被形容词"伟大"修饰。再如:

(8)李大经告诉记者,**工资水平的普遍提高**与节假日**双倍工资的广泛**

推行吸引了部分在京服务员。(2006年)

偶尔,名词化了的VP会受副词修饰。例如:

(9) 随着**我国工业化程度的不断加快**,进城务工农民越来越多。(2005年)

有时,连续出现的双音节谓词,还可能是其他结构关系。如:

(10) 推进西部地区"两基"攻坚……关系到西部地区农村劳动力的**转移**和**广大农民群众的脱贫致富**,关系到西部地区实现全面小康。(2004年)

(11) **录入系统的研制成功**在西夏文字数字化历程上具有重大意义。(2005年)

例10,"脱贫"与"致富"时间序列上先后发生,顺序不能随意颠倒,可看成是一种连动结构。例11,"成功"补充说明"研制",为述补关系。

2 语篇衔接功能

2.1 连贯与衔接

在讨论名词化结构"NP+的+VP"的衔接功能之前,有必要先区分一下衔接(cohesion)与连贯(coherence)这两个术语。严格地说,衔接是指在语篇表层结构上,通过词汇或语法手段体现的照应关系。连贯则存在于语篇的底层,是通过逻辑推理来达到的语义连接。例如:

(12) A:小王是个心地善良的姑娘。
　　　B:是吗?可她丈夫却不怎么样。

(13) A:小王邀请你参加晚会。

B：我妈妈生病了。

例12，通过"她"指代"小王"，使A、B两句实现了结构上的衔接。例13从形式上看是不衔接的，但交际双方借助语境还是可以推理出"B不能参加晚会"的意思，这两句语义上是连贯的。可见，衔接主要表现为有形的手段，连贯借助的是无形的语义或语用推理。

实际上，我们所讨论的"NP+的+VP"名词化结构，有些只是连贯而非衔接。如：

（14）日前，记者参加了麻省理工学院麦戈文人脑研究院大楼落成仪式。该研究院由美国国际数据集团（IDG）总裁麦戈文先生和他的夫人共同捐资兴建，致力于提高人类交流水平，以消除**人类的冲突**；专门研究人脑是怎样工作的，人脑是怎样接受、分析、联想、存储、搜索、交流信息的，并从事人脑疾病的研究，包括孤独症、帕金森氏病、精神分裂症、语言障碍等疾病。(2006年)

例14，"人类的冲突"这一名词化结构，在上下文中都没有相应的词汇或语法形式与之照应，可见，它在该语篇中并无衔接功能。究其原因，"人类有冲突"这一命题已作为交际双方（即新闻写作者和解读者）共享的知识存在，因此，语篇制作者就把它处理为背景一笔带过了。

2.2 衔接的类型

笔者发现，"NP+的+VP"因其自身内部构造的复杂性，在新闻语篇中或多或少都有衔接功能，单纯的连贯功能是非常少的。其林林总总的衔接现象可归纳为两大类：

2.2.1 主位衔接

主位（theme，以下简记为T）与述位（rheme，以下简记为R）是功能语言学的一对概念。主位一般是指承载概念功能、人际功能或语篇功能的话语前面的部分；述位则是围绕主位展开的述说内容，一般位于表达的后部。笔者引入这对术语取代传统的主语、谓语、宾语等，主要是因为主谓宾等句法成分概念仅囿于句子内部做分析，主位述位则跨越了句子，可用于语篇，当然，这样做也便于称说和总结规律。

从信息传递的角度看，主位的主要功能是传递已知信息（given information）。我们的材料也表明，处于主位上的"NP + 的 + VP"结构，主要语篇衔接功能是回指（anaphora）上文出现过的旧信息。根据回指项与先行项（antecedent）（文中以下划线"＿＿"表示）距离的远近，有这样几种情况：

一是回指本段紧邻的前一句。前句中的主位成为该句主位的 NP 部分。如例（2）所处的语境是：

（2'）60 年前，发生在中国大地上的震惊世界的<u>抗击日本侵略者的殊死战争</u>，在中华民族的发展史上有着非同寻常的意义。//**抗日战争的伟大胜利**，（T）/是近代百年以来，中华民族从衰败走向振兴的重大转折点。（R）（2005 年）

二是回指本段紧邻的前几句。一般是把前文主位、述位的内容重新整合、概括在一起，产生一个新的主位。例如：

（15）这些年，<u>以色列对哈马斯一直保持着铁拳政策，不断的"定点清除"、袭击和逮捕等行动</u>，使哈马斯名声大振，有着甚至比法塔赫还高的国际知名度。

三是回指前面几段的内容。譬如，例 8 的语篇环境是这样的：新闻大标题是《北京：三招应对节日"保姆荒"（热点解读）》，下设三个小标题：加薪挽留外地家政服务员、招募本地人补充家政服务缺口、家政服务需求更趋理性。例 8 是在第一个小标题的叙述即将结束时出现的，"工资水平的普遍提高与节假日双倍工资的广泛推行"与前面的标题和正文内容都有照应。我们把无关的内容略去，相关的先行项标示如下。例如：

（8'）<u>加薪挽留外地家政服务员</u>　　（小标题）
许多家政公司将"<u>在国家法定节假日工作享受双薪</u>"直接写进服务合

同（副标题）

　　在北京市朝阳区芍药居小区工作的山东姑娘小唐是一家公司的家政服务员，……从 2000 年至今，<u>她的工资已从每月 300 元涨至每月 1100 多元</u>。（第 1 段）

　　许多家政公司表示，在市场需求的拉动下，<u>一年来北京家政服务员的工资水平都有不同程度的提高</u>。北京中青劳务有限公司一位工作人员告诉记者："<u>用户聘用没有任何经验的服务员做普通家务也要每月 600 多元起价，照顾病人则要每月 1000—1500 元</u>。"该公司于 2005 年 1 月和 6 月分别<u>调整了一次工资，每次上调 50 元</u>。（第 2 段）

　　北京市爱侬家政服务有限责任公司宣传部长董丽娟介绍说，<u>该公司 20%—30% 的用户家庭主动通过提高工资挽留服务员春节时留京，这些服务员大部分愿意留下来</u>。（第 3 段）

　　据了解，<u>春节几天家政服务员一般都会获得 200 元以上的加班费或红包</u>。此外，由于今年元旦、春节均集中在 1 月份，<u>如果当月待在北京，能够同时拿到两个节日的双倍工资，这也在一定程度上吸引家政服务员选择留京</u>。（第 4 段）

　　……

　　李大经告诉记者，**工资水平的普遍提高与节假日双倍工资的广泛推行吸引了部分在京服务员**。

2.2.2 述位衔接

跟主位衔接类似，述位衔接也有回指上文的功能，而且也有距离远近的差别。我们知道，述位的主要功能一般是传递未知的新信息（new information）。因此，我们认为，述位上出现的起衔接作用的"NP + 的 + VP"结构，传递的已不再是严格意义上的新信息，可称之为次新信息（secondary new information）。例如：

　　（16）俄铁路运输公司总裁法捷耶夫指出，铁路运油量的增加要求<u>建设新的铁路并对东西伯利亚铁路中的一段线路实行电气化，这大约需要 400 亿卢布的投资</u>。//尤科斯公司总裁库克斯就此表示，尤科斯公司（T）将参

与俄铁路系统的改建和更新。(R)(2004年)

例16,"俄铁路系统的改建和更新"前指紧邻的上一句,当读者第一次读到"建设新的铁路并对东西伯利亚铁路中的一段线路实行电气化"这句话时,是获取了自己前所未知的新信息,而当读者依次读到"俄铁路系统的改建和更新"时,在信息摄取的量上并没有增加,只是强化加深了刚获悉的新知而已,因此我们认为,这句话真正的焦点应是宾语前边的动词"参与"。

另外,出于述位要传递新知的需要,述位衔接除了把上文信息作为次新信息再一次提出来以外,有时还会同时增补一些上文并未出现过的新信息。例如:

(17)马方也希望加强两国经贸关系,推动在**直接贸易、投资和旅游等领域的合作**。(2006年)

例17,"投资""旅游"的合作在前文已有所交代,"直接贸易"是新增加的信息。

2.3 关于主、述位衔接的预指

与回指、上指或前指相对的一个概念是预指(cataphora)。所谓预指,也叫下指或后指,即与之照应的所指对象在下文出现。

我们发现,"NP+的+VP"结构在主位、述位的衔接功能除了上文论及的回指,还有一部分预指功能。如例18是主位的预指:

(18)**以深圳华为为首的一批创新型企业的崛起**,(T)/让人看到了广东自主创新迸发出的活力与希望。(R)//正是凭借一项项绝对的"广东创造",<u>以华为、中兴、美的等为代表的一批有较强自主创新能力的广东企业在国内外市场上攻无不克</u>。

例18,"以深圳华为为首的一批创新企业的崛起"在语篇中首次出现后,后续小句紧随其后,进一步展开为"以华为、中兴、美的等为代表的一批有较强自主创新能力的广东企业在国内外市场上攻无不克。"

与主位预指相比,述位预指在数量上要多得多。一个主要原因恐怕是,述位毕竟是传递新信息用的,当新信息首次出现后,新闻写作者完全有必要就此展开详细论述,以让读者明白。从现有语料看,有这样几种情况(与名词化结构同指的后行项以下划线"__"表示):

一是本段内紧邻预指,后一句接着前一句论证述位的新信息。例如:

(19) 米、面、油等食品原料的上涨(T)/进而带动**相关产品如面包、蛋糕、餐厅饮食等的涨价**。(R)//一位在超市购物的妇女说,现在有的面包比原来贵了一成;没涨价的,分量也比原来少。(2004)

二是围绕述位,后续几段展开论证。例如:

(20) 目前,像芸生粮业这样的农业产业化"龙头"企业和组织,在山西省已有4200个,省政府(T)/今年又安排扶持农业产业化经营资金5000万元,集中用于**强龙头、扩基地、促营销这三大农业支撑体系的建设**。(R)(2006年)

例20出现在语篇的第一段末尾,类似于全文的中心句。后续的三个自然段正是分别围绕强龙头、扩基地、促营销这三点展开论述的。限于篇幅,原文从略。

三是述位常出现在小标题或标题位置,语篇由此展开。

(21) 一是……二是……三是提高科技交流水平,重点开展**农业技术开发与管理等方面的合作**;(R) 四是……五是继续密切在**联合国改革、南南合作以及维护地区和平与稳定等重大国际和地区问题上的协调与配合**。(R)(2005年)

(22) (二)抓住关键,落实措施,推动**"两基"攻坚的全面实施**。一是……二是……三是……四是要切实保障"两基"攻坚县的教职工(包括按国家编制标准新增教师)的工资发放,建立中央财政用于教师工资转移支付的监管机制。做好对西部地区农村教师的培养、培训工作,加大

少数民族地区双语教师队伍的建设，到2007年，小学教师和初中教师学历合格率分别达到95%和90%以上。五是……（2006年）

例21是罗列要点。例22是大小标题嵌套。即使是原先并未使用"NP+的+VP"结构的标题，也可仿此进行转化，例如：

（23）曾培炎展望了未来中国经济社会发展的六大特征：一、立足**国内的发展**……二、结构优化的发展……三、资源节约的发展……四、环境友好的发展……五、全面协调的发展……六、改革开放的发展……（2006年）

例23，其中的几个小标题均可改成"NP+的+VP"结构，即"二、结构的优化发展。三、资源的节约发展。四、环境的友好发展"等。

3　结　语

报刊要用最少的篇幅传播尽可能多的信息，语篇必须简洁、精确、连贯。新闻的宗旨是尽可能如实地把信息传递给大众，语言也要求必须客观、可信。此外，权威报刊对新闻语言正式性、庄重性、严肃性的要求更是毋庸置疑的。名词化结构在新闻语篇中的大量使用在某种程度上正是满足了这些需要。本文只是初步涉及了汉语名词化结构在新闻语篇的分布、衔接等形式问题，至于这些形式与不同新闻语篇类型的联系、其背后更深刻的内部制约动因等问题，尚需进一步研究。

参考文献

［1］范文芳：《名词化隐喻的语篇衔接功能》，载《外语研究》，1999年第1期。

［2］胡壮麟：《认知隐喻学》，北京大学出版社2004年版。

［3］黄国文：《语篇分析概要》，湖南教育出版社1988年版。

［4］［荷］托依恩·A. 梵·迪克：《作为话语的新闻》，曾庆香译，华夏出版社2003年版。

附录 3：现代汉语否定肯定对用格式研究

1 引 言

1.1 研究范围

本文研究现代汉语否定判断、肯定判断对用格式的基本用法。主要讨论"不是 X，是 Y""是 X，不，是 Y"类格式。前一格式，否定判断、肯定判断对称出现，后一格式，独用的"不"是对前一肯定判断的否定，相当于"不是 X"。两种格式相比，前者可视为一种相对凝固的复句格式，后者则较多地体现了语言动态使用时的情形。此外，用例中有一些变化格式，像否定判断、肯定判断的排比连用或"不"字的重叠连用形式，如"不是 X1，不是 X2……是 Y1，是 Y2，……""是 X，不不，是 Y"，等等。

1.2 研究现状

1.2.1 传统语法研究

关注格式的句法、语义特点。讨论的问题主要涉及：

第一，"不是""是"是不是关联词语。一种意见看到"不是""是"充当句子成分的功能，认为复句采用了意合法。"不是""是"不是关联词语，如黎锦熙（1962）。另一种则强调"不是""是"连接分句间意义关系的作用，不论是否充当句子成分，都是关联词语，如柳传瑾（1996）。还有一种看法则区别两种情况：动词形容词性词语前，"不是""是"的作用是表明分句关系，是关联词语；名词性词语前，"不是""是"的作用除连接分句外，还充当句子成分，故不是关联词语。上述分歧主要原因在于对"关联词语"这一概念持不同看法。本文的讨论把"不是……是……"一律称为关联词语，不加区分。

第二，格式标举的意义。尽管各家称说有异，分析结果基本一致，都认为"不是……是"为并列关系的联合复句。此外，在对并列关系作进一步分析时，各家看法也大致相同：黎锦熙、刘世儒《汉语语法教材》称之为对待式，丁声树《讲话》认为它是对比句。当今的一些现代汉语教材也有类似分析：黄伯荣、廖序东（1991）指明为对待式，邢福义（1993）分析为对照关系。一些复句研究专著，如黄成稳（1990）称之为对比关系，王维贤（1994）论述较为详尽，指出它是表肯定否定的并列句。

第三，对立项间的意义。一些篇章注意到了对立项间表意上的不平等性：王桂安（1992）对复句"不是……是"、邢福义（1982）和吴土艮（1985、1986）对"是X，不，是Y"格式均有相关论述。

1.2.2 新兴语用研究

大多关注格式出现的语用场合。

沈家煊（1993）的"语用否定"、徐盛桓（1994）的"含意否定"、孔庆成（1995）的"元语否定"、张𨱌（1996）的"元语言否定"都是运用一定的语用原则解释格式在语言交际过程中出现的特殊否定用法。

1.3 研究意义

1.3.1 现存问题

传统语法研究重格式表层语义，轻对立项的深层意义；重静态语法、语义平面，轻动态篇章语用平面。新兴语用研究重视语用原则的分析，但对立项的语义关系语焉不详。

1.3.2 思路及目的

本文试图分六章从三个方面研究该格式：一是格式的语义类型（第2—4章）。依次讨论相斥性对立、相容性对立、相斥—相容性对立。二是格式的句类验证（第5章）。三是格式的篇章分析（第6章）。文末有全篇总结（第7章）。

本文旨在前辈、时贤已有成果的基础上，依据事理关系和认识关系的统一与背离，作语义分类研究。把静态的语法、语义平面与动态的篇章语用平面相结合。通过类比，总结格式的句法、语义渐变规律，探讨否定与量的关系，以期深化否定句研究的一个侧面。

2 相斥性对立

"不是 X，是 Y"存在双重语义关系：一是认识关系，即格式所标明的发话人对 X、Y 关系的主观认识，"不是……是……"格式为对立关系。二是事理关系，即对立项 X、Y 客观实际上存在的事实关系，主要以 X、Y 的理性义为判断依据。认识关系可能反映了全部或部分事理关系，也可能并不反映事理关系，根据两者的一致程度，本文将依次讨论该格式的三种语义类型：相斥性对立、相容性对立、相斥—相容性对立。

所谓相斥性对立，是认识关系与事理关系的统一。一方面，格式标定了发话人主观认为 X、Y 存在对立关系；另一方面，X、Y 的客观理性义确实相互排斥对立，不能同真。按照对立项 X、Y 之间是否存在量差，可以分为无量、减量、增量三类。

2.1 无量相斥

指相斥的双方 X、Y 是质的对立，不存在量的等级差别，或者说，X 与 Y 的量级差值为零。从否定项、肯定项对立范围的大小看，有全局对立、局部对立两种。

2.1.1 全局对立

对立项 X、Y 的组成词语全部相异。比如：

(1) 至高的智慧不是头脑的逻辑，而是心灵与自然的和谐。（杨澜《凭海临风》）

例 1 是两个定中结构的对立。

2.1.2 局部对立

对立项 X、Y 的组成词语部分相异。比如：

（2）我们要的不是会议室里的人物而是家里的人物。（宁耘《历史剧的一种拍法》，载《服务导报》1997年4月22日5版）

（3）最残酷的惩罚。不是来自野兽而是来自人。歧视不是来自敌人，而是来自亲人。（史铁生《务虚笔记》，载《收获》1996年第2期）

例2是定中短语定语部分的对立，例3是述宾短语宾语部分的对立。有时，对立项 X 或 Y 只出现相异部分，相同部分可以不出现。例如：

（4）他们不是靠哪个人成长起来的，而是［靠］书［成长起来的］！（《王朔文集》3卷）

（5）看来不是会不会［干］，而是肯不肯干。（《王朔文集》3卷）

例4、例5的 Y 项与对立项 X 相同的部分均未出现。例中以［］标明。

2.2　减量相斥

首先，我们扩大量的概念，认为只要 X、Y 在数值的大小多少、程度的高低深浅等诸方面呈现出大与小、多与少、高与低、深与浅的对立，就承认 X、Y 是量的对立。其中，大量、多量、高量、深量等统称为大量，相应的，小量、少量、低量、浅量等统称为小量。减量相斥则为大量到小量的减量过程。

2.2.1 显量对立

名词的数量表示事物空间性的大小、动词的时量和动量分别表示动作时间延续的长短和反复次数的多少、形容词的度量表示性状程度的高低，它们都有明确的形式标记，我们把这些量称为显量。计量方式上，典型名词、动词有数值计量、非数值计量两种，典型形容词以非数值计量方式为主。

第一，数值计量：指用具体数字来计量的方式。由于典型事物、动作总以完整、独立的个体形式为人认知，典型名词、动词的有界性、离散性决定了名词、动词的量可以用数学中的自然数来标记。"一"是最小的自然数，自然语言中常把"一"作为少量的标记。有时,"一"与"半""两"连用,如"一时半会儿""一天两天",都有同样的表少量的语义功能。由于量的多少是一个相对概念,从数字"二"开始就可以引入相对多量①,如图1所示:

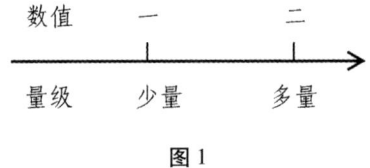

图1

对数值标记的相对多量的否定,"不是"对用格式与一般否定"不/没有"对用格式最大的不同在于:前者隐含有两种对立的可能,后者只有一种([ ]为添补的隐含意义)。试比较:

(6) 今天不是谈两个问题,[只谈一个问题]。
(7) 今天不是谈两个问题,[是谈三个问题]。
(8) 今天不/没有谈两个问题,[谈一个问题]。

以上三例说明:"不是"是对数字标记的相对多量(n≥2)的否定,隐含有减量和增量两种可能;"不/没有"只有减量一种可能。

第二,非数值计量:指不用具体数字,而用自然语言中的词语来计量的方式。数值计量比较精确,如"四年";非数值计量比较模糊,如"很多年"。名词、动词的量可按多少分级,形容词的量可按高低分级。以下将它们分开来讨论。

参照沈家煊(1989),我们把名词、动词的量分为三个等级,每个等级各举一词为例,如图2所示:

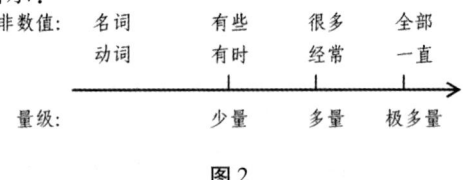

图2

---

① 参见张敏:《汉语重叠的认知语义学研究》,新时期语法学者国际学术研讨会论文(武汉),1996年。

名词的多量可用"很多、多数、许多、大部分"等词语标记;极多量除了可用"全部、全都、所有"等词语,还可用名词的重叠形式,如"家家、天天"等。动词的多量常用"经常、通常、常常"等词语标记,极多量主要有"一直、总是、持续"等词语。

汉语事实是:带有多量、极多量的名词、动词可以直接进入多种否定形式,否定的结果是比否定前低一个或两个量级,即否定多量,隐含肯定少量;否定极多量,隐含肯定多量或少量。例如:

(9) 我并不是有(=没有)很多朋友,[有少数几个]。
(10) 我不是(没有)把自己全部的钱都借给了她,[但也借了很多/是借了一些]。

例9,对多量"很多"的否定,意味着肯定少量"少数几个"。例10,对极多量"全部"的否定,意味着肯定多量"很多"或少量"一些"。

动词的情形也类似,例如:

(11) 今年六月份不是(不、没有)经常下雨,[是偶尔下]。
(12) 今年六月份不是(不、没有)一直下雨,[但也下了很长时间/是有时候下]。

例11,否定多量"经常",肯定少量"偶尔"。例12,否定极多量"一直",肯定多量"很长时间"或少量"有时候"。

参照张国宪(1993),我们把形容词的量分为四个等级,每级举一词为例,如图3所示:

非数值:形容词	有点儿	比较	很	最
量级	低量	中量	高量	极高量

图3

带有高量标记的形容词进入否定句最自由,否定结果是比否定前低一至两个量级，例如：

(13) 衣服不是（不、没有）很干，[但还算是比较干]。
(14) 衣服不是（不、没有）很干，[是有点儿干]。

例 13，否定高量"很"，肯定中量"比较"。例 14，否定高量"很"，肯定低量"有点儿"。许多学者都指出，"有点儿"多与贬义形容词同现，与褒义形容词同现时，有否定意味，比如：

(15) 他有点儿骄傲/懒惰/残忍……
(16) 他有点儿谦虚/勤劳/善良……（？）

在可接受性上，例 16 不如例 15。这说明，低量程度副词"有点儿"的肯定强度比较弱，在对人或物进行正面评价时，往往不用"有点儿 + 褒义形容词"的形式，如例 16 可能包含着"他并不谦虚/勤劳/善良……"的意思。因此，否定词语否定高量级形容词时，能直接实现对性质的述无否定，但要比否定词语直接否定光杆形容词来得委婉。比较：

(17) 衣服不是（不、没有）很干，还湿漉漉的。
(18) 衣服不（没有）干，还湿漉漉的。

有些学者把"否定词 + 形容词"格式称为委婉否定格式①，这种格式的主要功能之一是可实现对性质的述无否定（彻底否定）。"很"类词语还有"非常、十分、大、挺、甚、怎么、这么、那么、够、太"等。

表示极高量的程度副词有"最、极、顶"等，在给定的比较范围内，"最 + 形容词 + 的"指一个确定的量点，具有指称性，对极高量的否定隐含肯定高量和中量，否定结果比否定前低一至两个量级。例如：

---

① 参见马清华：《现代汉语委婉否定格式》，载《中国语文》，1986 年第 6 期。

(19) 他的学习成绩在班里不是最好的，［但也是很好的/也是比较好的］。

有时 X、Y 是减量相斥关系，可以通过"不是 X，只是 Y"等带标记格式得以显现。"只"类副词（包括"只、就、仅、才、光、还、单、唯"等）可加在肯定判断前标记小量。例如：

(20) 她们之间只隔了一代，不是隔了两代。（周辉《香港女赵四秀》，《服务导报》1997 年 7 月 23 日 4 版）

(21) 读书只是生活的一个内容，却不是生活的全部。（徐景洲《电视书房》，载《彭城晚报》1997 年 9 月 17 日 3 版）

例 20 格式标记为"只……，不是……"，用数值标记的相对多量"两"与少量"一"对立，名词数量减少。例 21 格式标记为"只是……，不是……"，极多量"全部"与少量"一个内容（一部分）"相斥，名词数量减少。

2.2.2 隐量对立

对立项 X、Y 并没有明显的量的标记，它们之间的减量关系或通过带标记格式"不是……只是……"来显现，或表现为可转换成带标记格式。

第一种情形为带标记格式，例如：

(22) 也许他们还不是人，只是胚胎。（万方《和天使一起飞翔》，载《收获》1996 年 4 期）

(23) 冷淡只是一种感觉，不是事实。（范小青《木樨园》，载《小说》1994 年 5 期）

例 22，"人"与"胚胎"、例 23"事实"与"感觉"在说话人的心目中，都有由高到低、由重到轻的量的大小差别。此外，动作的严重程度、难易程度等也可有高下之别。例如：

(24) 我们不是追究谁的责任。事情过去就算了，只是领导上要给你们

作个提醒。(《王朔文集》3 卷)

(25) 马戏班主说了,并不是要淑娟要什么玩意练什么叉,只是关在笼子里为马戏班壮壮门面,供人参观,当活广告用。(叶广芩《狗熊淑娟》,载《小说月报》1994 年 2 期)

例 24,从"追究责任"到"作个提醒",严重程度由重到轻。例 25,从"要什么玩意练什么叉"到"壮壮门面"也存在难易程度的差别。

第二种情形为无标记格式,例如:

(26) 他不是局长,大概连科长都不是,是普通工作人员。(王得后《值班局长》,载《报刊文摘》1997 年 9 月 18 日 3 版)

(27) 阿戈不是美术系教授,不是评论鉴赏家,连美术爱好者也不是,阿戈是装卸工。(范稳《布衣》,载《小说》1994 年 2 期)

例 26、例 27 中,多项否定项之间形成逐级降低的序列:局长 > 科长、美术系教授 > 评论鉴赏家 > 美术爱好者,最后一项 Xn 都处于标举极量的"连……也(都)……"的结构中,Y 要比最低的 Xn 更低,所以后续的肯定判断词"是"前均可加表示小量的"只"类副词。

动词的例子:

(28) 老沙说,今天找你来,不是要马上落实这些问题,是提个醒下下毛毛雨,今后可要注意啊!(一合《生死合同》,载《报刊文摘》1997 年 3 月 27 日 3 版)

例 28 中,从"落实问题"到"提个醒",动作程度明显由重到轻,肯定项 Y 中还有表动量轻微的动词"下下","是"前可加"只"类小量副词。该例可与例 24 相参看。

2.3 增量相斥

增量相斥为小量到大量的增量过程。相斥性增量对立时,对立项中至少有一项是数值标记的量。我们以否定项 X 作为研究的出发点。

2.3.1 否定项为数值标记的少量

如前所述，数字"一"能较固定地充当少量，有时与"半""两"连用，也代表少量。"不是"对少量的否定，必定意味着增量，即"不止于少量"，这一点与"不""没有"迥异。

第一，格式带标记：带标记格式有"不止 X，是 Y"等格式。"不止"等词的词义为"超出一定的数量或范围"，超出的数量不需或无法具体指出时，隐含肯定判断"是 Y"，例如：

（29）小王不止一次接过他找小鹿的电话［是很多次接过电话］。（靳敏《幸福》，载《徐州日报》1997 年 8 月 4 日 3 版）

（30）这个问题他不止提过一回了［都三回了］。

方括号中是我们添补的隐含部分。例 29 是数值标记的少量"一次"与非数值（词语）标记的多量"很多次"对立；例 30 是数值标记的少量"一回"与数值标记的相对多量"三回"的对立。

第二，格式不带标记：格式为"不是 X，是 Y"，肯定部分可隐含不出现。例如：

（31）果真不出所料，扣眼断线的不是一件两件［而是很多件］，说明是机器出了毛病。（任斌武《中国有个雅戈尔》，载《服务导报》1997 年 8 月 8 日 5 版）

（32）要想分清真假包公，不是一时半会的事，［而是很长时间的事儿］。（从维熙《酒魂西行》，载《十月》1995 年 3 期）

方括号中是我们添补的隐含部分。例 31 是名词数量少与多的对立："一件两件"与"很多件"；例 32 是定语位置上时与量的对立："一时半会"与"很长时间"。X 均是数值标记的小量，添补的 Y 项为非数值标记的多量。

否定肯定判断成对出现时，比只有否定判断的单句对比强烈。例如：

(33) 这种管不是一天两天的管，而是长久地管下去。（中央电视台《焦点访谈》1997年8月23日）

例33为动词时量的对立，"一天两天"与"长久"。少量、多量成对出现，比只出现少量表义完足，给人印象深刻。

2.3.2 否定项为数值标记的相对多量

当否定项 X 带有 $n \geq 2$ 的数值量时，"不是"的否定隐含有两种结果，"不/没有"则只有一种可能，这一点前文已有论及。

第一，格式带标记：格式为"不止 X，是 Y"，肯定判断可隐含。例如：

(34) 这部电影我看了不止两遍了［都五遍了/都很多遍了］

方括号中是隐含部分的添加。其中，Y："五遍""很多遍"分别是数值与非数值标记的多量，与数值量 X"两遍"对立。

第二，格式不带标记：格式为"不是 X，是 Y"，由于"不是"对相对多量（$n \geq 2$）否定结果的不确定性，肯定判断一般要同时出现。例如：

(35) 据他们证实，卡塔尔队不是引进了两名，而是五名尼日利亚球员。（《扬子晚报》1997年9月23日8版）

(36) 他知己地说，老马，你是四朝，不，五朝，不不不，马上六朝元老了。（祁智《亮相》，载《小说月报》1997年3期）

例35、例36均是具体数值量的对立："二名"与"五名"，"四朝"与"五朝""六朝"，数量由小到大，由少到多。

3 相容性对立

所谓相容性对立，是指 X、Y 的认识关系对立、事理关系相容，认识关系和事理关系相背离。具体地说，说话人主观认为 X、Y 之间存在着对立关系，并选用"不是……是……"格式来标明;事实上,X、Y的事理关系并不对立,理性意义相容,真值条件同为真。可见,认识关系反映的是X、Y的非事理关系的对立,是说话人主观认定的对立。

3.1 意义类型

根据X、Y理性意义之间的相容性联系,分为四类。

3.1.1 扩充型

X、Y是同时存在的事实,二者有并列关系;同时,Y是在X的基础上引进的范围更大或程度更深的另一事实,二者又有递进关系。

如果把X记为X1,那么Y的构成有三种形式。

第一,加合式:Y是可与X1(即X)加合的X2。例如:

(37)可事实上它确实发生了,就发生在他的眼皮底下,不,准确地说,他也被牵连进去了。(万方《和天使一起飞翔》,载《收获》1996年4期)

(38)他是在尽年轻丈夫的责任,不,更是对她艺术事业的支持。(《生活周刊》1985年12期)

例37中有标明Y与X关系的关联词语"也",例38中有表示递进关系的关联词语"更"。有时,Y项没有关联词语,语义上X、Y也有并列、递进关系。例如:

(39)这五天他做了多少白日梦。不,这十年来他幻想过各式各样的重逢场面。(钟玲《水晶花瓣》,载《微型小说选刊》1994年7期)

例39,"五天做白日梦"与"十年幻想重逢场面"是并存的两件事,后者在意义上较前者又推进一层。

第二,递进式:Y是递进复句"不仅X1,而且X2"等形式。例如:

(40)不正是这个可鄙的小泥人,夺走了他最好的朋友吗——不,不仅

是夺走——还让朋友变成了敌人！（毛信德《诺贝尔文学奖作家短篇小说精品》）

（41）她丢了脸，不，不但丢了脸，而且就得认头做个车夫的老婆了。（老舍《骆驼祥子》）

（42）不知又到了什么地方去过的一次风，忽然又回来了，这回是打着鼓似的：勃仑仑勃仑仑！不，不单是风，有雷！风挟着雷声！（茅盾《黄昏》）

例40—例42中，Y项有显示X1、X2递进关系的关联词语"不仅……还……""不但……而且……""不单"。

第三，包容式：Y在语义上包容X，即Y的语义包括X1和其他的项。例如：

（43）勤俭经营应当是全国一切农业生产合作社的方针，不，应当是一切经济事业的方针。（毛泽东《勤俭办社》）

（44）赵老师的确是我的师长，这是不容置疑的；不，应该说是良师益友才更准确。（杨澜《凭海临风》）

例43"一切经济事业"当然包括"一切生产合作社"。例44"良师益友"包括"师长"。X到Y，范围进一步扩充。

3.1.2 辩解型

X、Y是并行不悖的事实，二者有并列关系；另外，X是表层事实，Y是产生X的深层事实，二者又有递进关系。该格式多用于对话，对事实X发生的原因作辩解。例如：

（45）"阿爹，你不是让我读书上大学的吗？你怎么又变卦了？""红华，不是阿爹变卦，村里没老师，学校就垮了。"（《报刊文摘》1997年8月11日3版）

（46）有人问王铁成："经常有那么多人找你拍照片，烦不烦，累不累？"王铁成说："人家不是和我王铁成拍照，是追思和怀念敬爱的周总理。

我怎么能伤了他们对总理的美好感情!"(《彭城晚报》1997年10月12日6版)

例45、例46都是对话，X："变卦""和王铁成拍照"都是客观事实，但Y："村里没有老师上课，学校就垮了""追思和怀念敬爱的周总理"是造成上述事实的深层原因。

此外，该格式还可用于对自己或公众的认识做出辩解。例如：

(47) 事实上，不是你们没注意到我，是我还没有达到真正意义上的突破。(《张廷竹给雷达的回信》，载《小说》1994年5期)

(48) 不是花中偏爱菊，此花开尽更无花。(元稹《菊花》)

例47"你们没注意到我"是作者自己叙述过的事实，该格式并非要否定事实，而是要进一步解释事实发生的原因"我一直还没有达到真正意义上的突破"。例48由于"此花开尽更无花"，所以公众才会"花中偏爱菊"。

3.1.3 引申型

X是客观事实，Y是由事实生发的感触。Y常表现为多种辞格的运用。例如：

(49) 祖母终于发出一声直冲霄汉的凄厉声音，那不是痛苦的喊声，而是生命的呼号，那是带着殷红鲜血的人类自古至今的永恒信念!(彭东明《紫雾》，载《小说》1994年5期)

例49，X是本体"痛苦的喊声"，Y是喻体"生命的呼号""永恒信念"。除了比喻，Y还可采取夸张、拟人等修辞手法。例如：

(50) 妈说过爸不是在喝茶水，是在喝茶粥。(流水《有关红指》，载《十月》1995年3期)

(51) 你们以为我是在往画布上涂颜料吗？我是在往上涂血。不，我是在吐血，一大口一大口地往外吐。(范稳《布衣》，载《小说》1994年2

期）

例50、例51兼有比喻、夸张两种辞格。例50，"茶水"太浓，一缸子水半缸子茶叶，被比喻夸张成"茶粥"。例51，从"涂血""吐血"来层层递进地比喻、夸张作画之艰辛。再如：

（52）年轻吴晗便是以这样的姿势走进了明史研究，不，应该说他以这种方式开始了与历史的拥抱。（李辉《碑石》，载《收获》1996年1期）

例52，"不"后的Y是以拟人的方式形象化地描述"吴晗走进明史研究"这一事实。

3.1.4 替换型

与前三类不同，X、Y为同义、近义替换，理性意义没多大区别。例如：

（53）"……因为人没有脸。"
"那你冲着我的是什么？"
"面，面部。"（《王朔文集》3卷）
（54）"因此你憎恶女人？"
"不是憎恶，是憎恨。"（梁晓声《浮城》）

例53、例54的对话中，答话人用与X的理性义相同的Y来替换对方的说法X，以"面、面部"替换"脸"，以"憎恨"替换"憎恶"。该格式也同样适于自己刚说过的话，例如：

（55）那都是我西马，不，李银斗从前的生活，也可能是李银斗将来的生活。（范稳《李老倌的圣诞节》，载《十月》1995年第3期）
（56）她只想让它死得毫无痛苦，不，不能说死，猪怎么能叫死呢？应该叫"被杀"，杀了之后变成肉。（毛信德《诺贝尔文学奖作家短篇小说精品》）

例 55,"西马"是"李银斗"的艺名,所指相同。例 56,猪"被杀"变成肉,与"死"说的也都是一回事。说话者选用 Y 替换自己刚才说过的 X。

3.2 语用功能

如果说相斥性对立是语义真实性的对立,X 理性义为假、Y 为真,在说话人看来,X 是不正确的,Y 是正确的。那么,相容性对立则是语用适宜性(felicity)的对立,X、Y 理性意义均为真,在说话人看来,X、Y 都是正确的,但 X 语用上不够准确,Y 更准确,Y 项中,常有"准确地说"(例 37)、"应该说"(例 52)、"应该叫"(例 56)、"应该说是 Y 才更准确"(例 44)之类提示性词语。

3.2.1 语用量的对立

根据格赖斯(Grice)会话合作原则的"量的准则",说话人一般总提供足量的信息以满足交际需要。因此,当甲(对话的一方、独白中的自己、公众认识)判断"是 X"时,语用隐含量为"至多是、不会超过 X",而相容性对立则表明乙(对话中的另一方、独白中的自己)认为甲在量上是真实的,但还不太够,需进一步补足。扩充型、辩解型、引申型均属此类。

3.2.2 非理性意义的对立

非理性意义是相对于理性意义而言的。理性意义指逻辑意义,指词或短语表达的概念、句子表达的判断或推理。非理性意义是附属于理性意义之上的色彩意义,包括感情色彩、风格色彩等。

替换型主要通过 X、Y 的同义对比,显示附着在相同理性意义上的非理性意义的差别。如例 53,"脸"与"面、面部"有风格色彩的差别,"脸"有口语风格、"面、面部"有书面语风格。例 54—例 56 则凸显了 X、Y 感情色彩的不同:例 54,说话人认为"憎恨"比"憎恶"更能表达他对女人的仇视感情;例 55,说话人认为原名"李银斗"比艺名"西马"朴实、真切,更能反映自己告别虚华、重返真实的决心;例 56,说话人认为用"被杀"比用"死"更能确切地反映她对猪的态度。

4 相斥—相容性对立

所谓相斥—相容性对立，是指：一方面，格式说明发话人主观认为 X、Y 客观存在对立关系；另一方面，X、Y 客观理性意义既存在与主观认识相一致的相斥性对立，也存在相容的可能。可见，认识关系只反映了部分事理关系。该对立是相斥性对立与相容性对立之间的一小类过渡类别。从 X、Y 间量级差别情况看，只存在增量对立一类。

4.1 显量对立

名词、动词、形容词以数值标记方式标记的量由少到多、由低到高增加时，均是相斥—相容性对立，格式上均可能转换成"不止是 X，而是 Y"，例如：

(57) "而你心里对我有一点感激吗？"
"现在有了。不是一点儿，而是很多。一大片。充满我心里……"（梁晓声《浮城》）
(58) 我以后设计的房子要大部分人都说好。不是大部分人，而是个个都说好。（浙江电视台《钱塘人家》1997 年 9 月 8 日）

例 57、例 58 均是非数值标记的名词量的增加。例 57 少量"一点儿"与多量"很多、一大片、充满……"等词语对立。例 58，多量"大部分"与极多量"个个"相对立。形容词、动词的例子如：

(59) 我比较孝顺我的父母。不，我非常非常孝顺他们。
(60) 不是什么"有点儿不合适"，而是十分冒昧，十分唐突，十分荒谬。（沈家煊例）

例 59 是动作程度由中量"比较"增加到高量"非常非常"。例 60 是形容词程度量由少量"一点儿"增加到高量"十分"。

4.2 隐量对立

对立项 X、Y 无明显的量标记，它们之间的增量关系或表现为带标记格式"不只是……而是……"，或表现在能转换成该格式。

前者为带标记格式。例如：

（61）到了晚上，马国祥终于意识到，自己所要扮演的角色，不知不觉间，与市长夫人应该是的角色弄混了。不，岂止是弄混了，而是弄反了！（梁晓声《浮城》）

（62）他们吞云吐雾群情激昂。不，岂止是群情激昂，简直到了群情激奋的程度。（梁晓声《浮城》）

例 61、例 62 中的"岂止是"意即"不止是"，两例格式标明"弄混"与"弄反""群情激昂"与"群情激奋"在动作程度上由低到高、由弱到强。

后者为无标记格式，例如：

（63）我不是饿了，而是饿得快死了。（张逵例）
（64）石头不是打着了他，而是将他当场打死在地。（张逵例）
（65）他不是喜欢打麻将，都走火入魔了。（沈家煊例）
（66）最后还有一个坏消息要告诉你……不！应该说是警告你才对！（乔楚《追求爱情不排队》，载《扬子晚报》1997 年 4 月 8 日）

例 63—例 66 都是动词程度量的增加。例 63，"饿了"与"饿得快死了"，Y 项带有结果补语。例 64，"打着"与"打死"结果补语由轻到重。例 65"喜欢"到"走火入魔"，程度加深，"走火入魔"前有副词"都"显示副词后动作程度量之高。例 66，"告诉"与"警告"，动作严重程度由低到高。形容词的例子，例如：

（67）这天气不是暖和，是炎热。（沈家煊例）

例67 "暖和"的程度低于"炎热"。

5 句类验证

对于上述三种语义类型差异，可借助相关的陈述句、疑问句句类加以验证。

5.1 陈述句

5.1.1 与"不/没有"对用格式的转换

我们把以基本否定词语"不/没有"直接带否定对象 X 的形式叫一般否定形式，把"不是"从"不"字否定形式中独立出来，叫否定判断形式。排除否定词语在词性、感情色彩、时体色彩等方面的差异，在适宜的句法环境中，两种形式的对用格式若能相互转换，就能证明二者具有相同的语义功能。结果发现：

第一，相斥性对立中的无量相斥、减量相斥转换成立

无量相斥时，否定词语否定 X 的质，即 X 表示的概念或命题。通过否定，X 表示的事物、动作、性质等概念不存在，X 表示的判断、推理等命题的真实性不存在，可概括为述无功能。如例68：

（68）最残酷的惩罚，不是来自野兽而是来自人。
→最残酷的惩罚，不/没有来自野兽而来自人。

减量相斥时，否定词语否定 X 或显或隐的大量，以肯定 Y 或显或隐的小量，该语义可概括为削减功能。例如：

（69）他们一礼拜只活动一次，不是天天来。
→他们一礼拜只活动一次，不/没有天天来。

我们知道，现代汉语最基本的两个否定词是"不/没有"，上述转换能够成立，说明"不是"形式在表达述无、削减功能时，体现了语言否定的共性。叶

斯柏森在《语法哲学》中总结语言否定的一般规律是表示"少于、低于"或者说"介于所修饰的词和零之间"。汉语的一些习语如"不一会儿""不几天"也反映了这样的认识,其中的"不"只能理解为"不到、没有"。

第二,相斥性对立中的增量相斥无法转换

叶斯柏森在《语法哲学》中说:语言的否定例外地表示"多于"的意思,通常还要跟一个更精确的说法。原书有一个关于数量的英文例句,如下:

(70) Not once, but two or three times. (不是一次,而是两次或者三次。)

从译句可以明显地看出汉语多用"不是……而是……"的格式表示增量对立的意思。上句无法用"不/没有"句对译。考察更多的汉语实例,特别是否定项为数值标记的少量时,上述规律更加明显。比较:

(71) "动+单宾"式,如:我不是/不·没有买一本书。
(72) "动+双宾"式,如:他不是/不·没有给我一本书。
(73) "动+补宾"式,如:他不是/没有打碎过一块玻璃。
(74) "动+补"式,如:我不是/没有去过一次北京。

例71—例73为名量例,例74为动量例。当否定焦点"一+量"被强调时,"不是"句的强调式为"前提+不是+否定焦点";"不/没有"句的强调式为"(连)+否定焦点+都/也+不/没有+动词"。强调式很能清楚地显示出"不是"句与"不/没有"句的语义差别。上述四例强调形式为:

(71′) 我买的书不是一本。‖我一本(书)都不/没有买。
(72′) 他给我的书不是一本。‖他一本(书)都不/没有给我。
(73′) 他打碎的玻璃不是一块‖他一块(玻璃)都没打碎。
(74′) 我去过北京不是一次。‖我一次(北京)也没去过。

显然,"不是"否定少量X时,同时肯定多量Y;"不/没有"否定少量X

时，语义仍为削减 X"不到（及、够、足）、达不到少量"，事实上成为对 X 质的根本否定："不存在 X"，即述无否定。

"不是"句否定数值标记的少量时，独具增补的功能，即"不止、超过"义，我们分析有以下几点原因：

首先，否定焦点"一+量"是少量标记。客观事实上，存在"1/4 本书""1/6 次"，但言语交际中常以"一+量"作为少量标记，因为它是独立完整的事物、动作存在的最小量实现形式。

其次，否定词语"不是"独具"不止"词义。量否定时，"不/没有"只能表示"不到"词义；"不是"还能表示"超过"义。

最后，否定判断句"不是"句有特殊的预设。从"不是"句的强调形式可以看出，"不是"句的前提性主语预设了事物和动作的存在。如例 71′"我买的书"预设动作"买"的存在，例 74′预设动作"去"的存在。

三方面因素共同作用，产生如下推理过程：既然事物、动作必然存在（条件3），又不是以少量形式存在（条件1），那么只能以多量形式存在（条件2）。

第三，相斥—相容性、相容性对立均无法转换

相斥—相容性对立时，不论显量对立还是隐量对立都无法与"不/没有"格式转换，例如：

(75) 我比较孝顺我的父母。不，我非常非常孝顺他们。
　　＊→我不/没有比较孝顺我的父母。不，我非常非常孝顺他们。
(76) 我不是饿了，而是饿得快死了。（张逵例）
　　＊→我不/没有饿，而是饿得快死了。（张逵例）

其实根本原因还是在于：相斥—相容性对立都是增量对立，否定词语"不/没有"不具备增补功能。从另一角度看，这就造成了"不/没有"句对显量否定时，对量的形式有选择性；对隐量否定时，只能表示述无或削减义。

相容性对立的四种类型也无法与"不/没有"句转换，例略。原因在于：前三类（扩充、辩解、引申型）都可看成增量对立，第四类（替换型）是同义替换。而否定词语"不/没有"的削减、述无功能显然难以表达上述语义。

5.1.2 与其他肯定格式的转换

我们选择并列复句"是 X，也是 Y"，递进复句"是 X，更是 Y"两种格

式,看"不是 X,是 Y"格式与它们进行转换的情况:相斥性对立的三种类型都无法转换,相斥—相容性对立可与递进复句转换,相容性对立与并列、递进复句皆可转换。例如:

(77) 我不是饿了,而是饿得快死了。

　　→我是饿了,更是饿得快死了。

　? →我是饿了,也是饿得快死了。

(78) 那不是痛苦的喊声,而是生命的呼号。

　　→那是痛苦的喊声,也是生命的呼号。

　　→那是痛苦的喊声,更是生命的呼号。

反过来,我们再选择两个递进复句,看它们是否能与"不是 X,是 Y"句自由转换。例如:

(79) 水库不仅要修,而且一定要修好。

　　→水库不是要修,而是一定要修好。

(80) 我们尊敬鲁迅先生,不仅因为他是一位伟大的文学家,而且因为他是一位伟大的革命家。

　＊→我们尊敬鲁迅先生,不是因为他是一位伟大的文学家,而是因为他是一位伟大的革命家。

例 80 转换后语义和原句完全不同,说明相容性对立对篇章环境有很强的依附性,该问题将留到第六章探讨。为什么增量对立存在相斥性、相斥—相容性、相容性三种可能?从以上的转换可发现以下两点原因:

第一,表述对象的差异

相斥性、相斥—相容性对立时,X、Y 引进的是同一表述对象。对同一表述对象而言,小量与大量的对立具有相斥性。具体地说,同一事物、性质、动作处于小量还是大量,是一种相斥性选择,非此即彼。

相容性对立时,X、Y 引进的是不同表述对象。X 隐含的小量与 Y 隐含的大量通过比较才得以显现,X、Y 本身是可以并存的事实,是小量 X 还是大量 Y,

是一种相容性选择，可亦此亦彼。

第二，量的种类及计量方式的不同

相斥性增量对立时，X、Y 中至少有一方是以数值方式标记的显性量，数值量的特点是有界性、离散性、精确性，量变过程为突变，小量与大量的对立具有相斥性。比如，我不是看了两场电影，而是看了五场电影。"两场"和"五场"不可能同真。

相斥—相容性对立时，X、Y 均是以非数值（词语）方式标记的显性量或语义上隐含的隐性量。非数值量的特点是无界性、连续性、模糊性，量变过程为渐变，小量与大量的相斥性对立便有了相容的可能。比如，我不是看了一场电影，而是看了很多电影。"一些"与"很多"可以为递进同真的关系。

相容性对立时，X、Y 语义上隐含量差，两件并列的事实内部隐含着小量与大量的递进关系。比如，我不是看了一部电影，而是受到了深刻的爱国主义教育。

5.2 疑问句

疑问句里的是非问句，是就疑问对象的真实性直接发问，答语可用"是"或"非"来回答。我们选择是非问句的问答形式以直观地看 X、Y 的对立情况。

5.2.1 问句形式

相斥性及相斥—相容性对立时，X 都可以充当疑问焦点，表明问话人对 X 真实性的疑惑。问句形式为：是 X 吗？

相容性对立时，X 很难成为问句的真正疑问焦点，第二节总共出现的五例问句，可说明这一点。这五句有三种情况：

（1）设问：例 51 是自问自答的形式，疑问形式带反诘语气，X 的真实性也无须对方作答。

（2）特指问、选择问：例 45 特指问"你怎么变卦了？"例 46 选择问"烦不烦？累不累？"都是以 X 的真实性为发问前提，从答语看，交际双方都不否认 X 的真实性。

（3）是非问：是非问句可分为由语调和语气词"吗"承担疑问信息两种形式。例 54 属第一类型，据刘月华（1988）对语调是非问的研究，该例属接引型问句，"由上下文、语境引起，对答案有明显的倾向性，询问功能很弱，发问是为了进一步证明。"如果我们为例 57 的问句形式添加语气词，会发现：句尾添"吧"要比添"吗"合适。许多研究者都注意到了疑问语气词与疑问程度的重要关系，邵敬敏（1996）曾给出一对比较数字："吗"字是非问句传信 1/4，传疑 3/4，"吧"字传信 3/4，传疑 1/4。可见，例 54 是以传信为主。

5.2.2 答语形式

三类对立的答语形式与第四章中陈述句转换的各种情形相同，不再赘述。

6 篇章分析

6.1 两个结构层次

一个完整的语篇结构（text）是表义完足的单位。短者一、两句可成篇，长者可万言以上。多数语言学家倾向于认为语篇是语义单位（semantic unit），即意义单位。

"不是 X，是 Y"格式所处的完整篇章语义结构有两个层次：第一层次是肯定性评价部分，句法形式为陈述句或是非问句：陈述句表达公众、他人或自己对 X 真实性的肯定判断；是非问句表达问话人对 X 的真实性已有一定的肯定性猜测，但仍心存疑虑，尚需对方证实。第二层次是否定、肯定判断部分，句法形式为复句或句组形式的对用格式，独用的"不"字也相当于一个否定判断"不是 X"，主要针对第一层次的肯定性评价予以评判。

X、Y 对立情况不同，篇章结构特点也不同。

6.2 第一层次的省略

6.2.1 相容性对立不能省略

本文第三章的论述多引用了"是 X，不，是 Y"格式的例子，非有意为之，而是由于 X、Y 相容性对立时，第一层次的肯定性评价部分不能省略，"是 X，不，是 Y"格式正好是满足这一语篇结构的最简单的形式。此外，为节省篇幅，"不是 X，是 Y"格式前的大段陈述，我们在引用时都作了省略。如前例 47，现补充抄录如下：

(47) 十多年来，我发表和出版的作品也有六百余万字了，得到的评论却与之很不相称，……我想到刊物林立，评论家们毕竟精力有限，而我又蛰居东南一隅，颇有"自命清高"之嫌，原是怪不得评论家的。事实上，不是你们没注意到我，而是我一直还没有达到真正意义上的突破。

例47中，对用格式前的一段陈述说明X"你们没注意到我"是客观事实，对用格式的本意不是否定事实，而是深究背后深藏的原因。

可见，句法形式上是一个甚至一段的陈述句，其主要功用是提供足够的知识背景以说明X的真实性，以免误解。再举一个比较典型的例子：

(81) 这段爱情音乐在影片的后半部出现，是在丹珠被捕不甘受辱英勇就义之前。她，把自己最深的爱献给她心中的情人。这时，人声合唱也哼鸣唱出爱情主题音乐，悠远，深情……管弦乐的加入推着丹珠的感情随高尚的灵魂一起升华。这里，音乐展示给人的已不是男女之间的情感，而是对民族精神的赞美。（晓捷《〈红河谷〉影片催人泪下 音乐令人难忘》，载《音乐周报》1997年4月25日8版）

例81，对用格式前的一大段陈述说明X"音乐展示给人们的是男女之间的感情"是客观事实，格式并非否定这一事实，而是进行引申。

第一层次是疑问形式时，一是为保证问答的完整，问句不能省略，另一个重要原因是问句中X不能作为疑问点出现，通常作为发问前提存在，X真实性的不容置疑在问句中得到了体现。有关论述详见第四章。

6.2.2 相斥性、相斥—相容性对立可省略

第一层次省略时，对X的肯定性评价常作为某种认定而存在。这种认定或是事实认定，即确实被交际双方、说话者或公众心理认定的、不言而喻的事实；或是假想认定，即说话人设想会被交际双方、公众认定的事实。句法形式上，两种认定都可不出现。

6.3 第二层次的省略

6.3.1 相斥性对立可省略

相斥性对立时，不仅第一层次可省略，第二层次内部也可有不同的程度的

省略。第二层次的主要功能是否定旧信息（given information），提供新信息（new information）。否定 X 的同时，隐含（implicate）肯定 Y。当 Y 无须具体指出时，"是 Y"常表现为"不是 X"的隐含义而不必出现，所以第一章的讨论中涉及很多单句"不是 X"的例子。

6.3.2 相容性、相斥—相容性对立不可省略

Y 对 X 的增补功能，必须依赖 Y 的出现才能明确，特别是隐性增补时，否则会产生错误。以下是被研究者称为消极修辞的一例病句：

（82）甲：你和你女朋友最近关系如何？
乙：我们已经不是朋友了。（蒋有经《模糊修辞简说》）

例 82 中，乙本来想表明"不是朋友，是夫妻"的意思，却错误地省略了"是夫妻"这一肯定判断，结果造成交际失误，原因在于"朋友"与"夫妻"是相斥—相容性对立中的隐量对立关系，这种特殊的对立关系使得肯定判断不能省略。否则，人们的认知惯性自然会理解为相斥性对立，如："不是朋友，是敌人/一般同志"等。

6.4 篇章特点

从篇章角度来看，X、Y 对立呈相斥性时，对用格式外部的前导判断"是 X"（大语境）、对用格式内部的肯定判断"是 Y"（小语境）均可省略。篇章的最小实现形式可以是否定判断单句，即单句语篇。相斥—相容性对立时，对用格式的大语境可省略，小语境绝对不能省略。篇章最小实现形式是对用格式，即复句或句组语篇。相容性对立时，对用格式的大、小语境均无法省略。篇章实现形式是超越对用格式的更大语篇，具有完整的篇章结构层次。

从"不是 X"在篇章中所处的位置看：相斥性、相斥—相容性对立时，"不是 X"既可作后续句，也可作为始发句存在；相容性对立时，"不是 X"只能作为始发句存在。

7 结　语

本文的语义分类探讨、句类验证和篇章分析可归结为以下两个问题。

1.1　否定和肯定的关系

否定的常规语义是述无、削减，特殊语义是增补，汉语"不是"句独具增补语义。对用格式表现为常规语义功能时，"不是"形式能与"不/没有"形式转换；表现为特殊语义功能时，"不是"形式不但不能与"不/没有"形式相应转换，一定条件下，还可能与肯定形式的并列句、递进句发生联系。同后者相比，容纳这种语义关系的"不是"对用格式既多了一层特殊的语用效果，也多了些语义、篇章方面的限制。

总起来讲，相斥性对立（无量、减量）有两类可能的否定形式："不是""不/没有"对用格式；相容性对立有两类可能的肯定形式：并列、递进句；过渡类型相斥—相容性对立则只有一类否定形式、一类肯定形式。

1.2　结构自由度与语义一致度的关系

语义上，由关联词语标明的显性语义关系叫认识关系，X、Y事实上存在的隐性语义关系叫事理关系。两种语义关系的一致程度，即一致度，有完全、不完全、完全不一致三种可能。

结构上，对用格式对内部小语境（后续肯定判断）和外部大语境（前导肯定判断）依赖程度不同，即结构的自由程度（简称自由度）不同。自由结构是可自由脱离大、小语境的单句语篇；半自由结构是可脱离大语境的对用格式语篇；不自由结构是必须依附于足够的外部语境的完整的篇章结构。

语义一致度与结构的一致度呈正比关系，图示为：

	相斥性对立	相斥—相容性对立	相容性对立
语义一致度：	完全　＞	不完全　＞	完全不
结构自由度：	自由　＞	半自由　＞	不自由

参考文献

[1] 陈小荷：《主观量问题初探》，载《世界汉语教学》，1994年第4期。

[2] 丁声树：《现代汉语语法讲话》，商务印书馆1961年版。

[3] 符达维：《关于否定和量指的冲突》，载《语文月刊》，1986年第6期。

[4] 何自然：《语用学概论》，湖南教育出版社1988年版。

[5] 黄伯荣、廖序东：《现代汉语》，高教出版社1991年版。

[6] 黄成稳：《复句》，人民教育出版社1990年版。

[7] 黄国文：《语篇分析概要》，湖南教育出版社1988年版。

[8] 孔庆成：《元语言否定的类型》，载《外国语》，1995年第4期。

[9] 黎锦熙、刘世儒：《汉语语法教材》，商务印书馆1962年版。

[10] 刘月华：《语调是非问句》，载《语言教学与研究》，1988年第2期。

[11] 柳传瑾：《试析"不是……而是"句类结构》，载《青海师大学报》，1996年第4期。

[12] 陆丙甫：《从"要谈谈两个问题"为什么不合格谈起》，载《中国语文通讯》，1984年第1期。

[13] 吕叔湘：《疑问·否定·肯定》，载《中国语文》，1980年第4期。

[14] 吕叔湘：《现代汉语八百词》，商务印书馆1985年版。

[15] 马清华：《现代汉语的委婉否定格式》，载《中国语文》，1986年第6期。

[16] 邵敬敏：《现代汉语疑问句研究》，华东师大出版社1996年版。

[17] 沈家煊：《"判断语词"的语义强度》，载《中国语文》，1989年第1期。

[18] 沈家煊：《"语用否定"考察》，载《中国语文》，1993年第5期。

[19] 沈家煊：《"有界"与"无界"》，载《中国语文》，1995年第5期。

[20] 沈开木：《"不"字的否定范围和否定中心探索》，载《中国语文》，1984年第6期。

[21] 石安石：《语义论》，商务印书馆1993年版。

[22] 邢福义：《论"不"字独说》，载《华中师院学报》，1982年第3期。

[23] 邢福义：《复句关系词语》，黑龙江人民出版社1985年版。

[24] 邢福义：《现代汉语》，高教出版社1993年版。

［25］邢公畹：《现代汉语教程》，南开大学出版社1994年版。

［26］徐杰、李英哲：《焦点和两个非线性语法范畴："否定""疑问"》，载《中国语文》，1993年第2期。

［27］徐盛桓：《新格赖斯会话含意理论和含意否定》，载《外语教学与研究》，1994年第4期。

［28］王力：《王力文集（中国现代语法）》，山东教育出版社1985年版。

［29］王维贤：《现代汉语复句新解》，华东师大出版社1994年版。

［30］吴士艮：《单用"不"构成的一种辞格及句式》，载《语文研究》，1985年第1期。

［31］吴士艮：《试论故作否定式》，载《浙江大学学报》，1986年第4期。

［32］［丹］叶斯柏森：《语法哲学》，何勇等译，语文出版社1998年版。

［33］张国宪：《现代汉语形容词的选择性研究》，上海师范大学博士学位论文，1993年。

［34］张志公：《现代汉语》，人民教育出版社1982年版。